CHARLES XII

OSCAR II

Roi de Suède

CHARLES XII

PREMIÈRE TRADUCTION FRANÇAISE

PAR

ALBERT SAVINE

PARIS

SOCIÉTÉ D'ÉDITION ET DE PUBLICATIONS

Librairie Félix JUVEN

122, RUE RÉAUMUR, 122

PRÉFACE

L'auteur des pages qui vont suivre est le Prince Oscar-Frédéric de Suède qui, né à Stockholm le 21 janvier 1829, succéda à son frère Charles XV le 18 septembre 1872.

Ce petit-fils de Bernadotte est certainement, après Gustave III, le monarque le plus lettré qu'ait jamais eu la Suède.

Quand il était encore Duc d'Ostrogothie, il suivit les cours de l'Université d'Upsal, sous la direction du savant historien Carlson, et les conseils de ce maître illustre eurent évidemment ce résultat de lui donner le goût des études historiques.

C'est alors qu'il écrivit son mémoire sur

Charles XII, *devenu classique en Suède et qui a été traduit en plusieurs langues (1).* Cette monographie du grand héros national le conduisit à la publication de ses Études sur l'histoire de Suède, *consacrées principalement aux luttes maritimes de sa patrie au moment de l'écroulement de la puissance suédoise.*

A côté de l'ouvrage immortel de Voltaire sur le même sujet, le Charles XII *du roi de Suède garde une place honorable par la grâce du style et les qualités du récit. En outre, c'est un travail historiquement bien supérieur par l'exactitude des faits.*

Oscar II appartient, en effet, à l'école moderne et c'est aux documents d'archives qu'il a su demander la vérité sur bien des points que la Légende enveloppait de ses

-----

(1) Notamment en allemand par Jonas. La *Nineteenth Century* a publié une version anglaise revue et autorisée par le roi de Suède et qui a été, croyons-nous, tirée à part peu après cette première publication.

brouillards. Aussi a-t-on pu dire que « les recherches historiques du Prince de Suède formaient toute une série d'écrits qui sont et seront consultés comme sources par les historiens de l'avenir ».

Mais Oscar II n'est pas seulement le chercheur heureux à qui il est donné, parfois, de découvrir le document qui illumine une phase historique.

C'est surtout et avant tout un écrivain doué du sens de la couleur, un artiste qui sait donner la vie à tout ce qu'il touche de sa plume légère et alerte.

A côté de l'historien, il y a en lui un poète qui a fait dès longtemps ses preuves et dont l'imagination n'est que réglée et comme canalisée par la discipline de ses recherches.

Les poèmes que le royal auteur composa à la même époque que son Charles XII, *puisent leur inspiration dans l'amour le plus vif de la Nature. Aussi bien ses* Souvenirs de la flotte suédoise, *ses* Poèmes et folioles de mon Journal, *ses* Poésies diverses, *son* Quelques heures au château de Kronborg *portent partout la marque du poète de race.*

Il avait, certes, de qui tenir.

Le roi Charles XV, son frère, s'était adonné, lui aussi, avec succès au culte de la poésie nationale, et ses poèmes qui ont été traduits en français par M. Bascle de Lagrèze, un des rejetons français de la famille Bernadotte (1), permettent d'apprécier les nobles qualités de cette poésie royale reflétant la nature rêveuse, même dans sa gaîté, de l'âme des hommes du Nord.

Mais Charles XV était un poète de troisième ordre, un peu monotone, un peu clair de lune des poètes antérieurs à lui.

Oscar II est un poète original de second

---

(1) *Légendes et poésies scandinaves* par le prince royal de Suède, aujourd'hui S. M. Charles XV, traduites du suédois par G. B. de Lagrèze, 1863.

rang, de ceux dont les poésies sont naturelle-
ment populaires parce qu'elles répondent à
l'âme des contemporains.

La vie de marin, qu'a menée dans sa jeu-
nesse le roi de Suède, avait éveillé en lui le
don de l'observation. Elle avait fait passer
sous ses yeux tous les aspects, tous les
caprices de la nature, et son vers est un vivant
reflet des impressions ressenties par lui.

Une traduction allemande de ses poèmes
par M. Jonas fut dédiée, sur son désir ex-
près, au Prince Royal Frédéric-Guillaume
(Frédéric III) comme au protecteur du tra-
vail, de la paix et de l'humanité. Une affec
tion, une sympathie réelles liaient entre eux
les deux Princes. Ils avaient bien des senti-
ments communs, et tout particulièrement
cette piété très simple, très sincère, qu'Os-
car II a exprimée dans une de ses poésies
les plus célèbres : l'Hymne de Pâques.

Un des poèmes les plus charmants peut-

être qu'ait écrits le royal poète, lui a été dicté par l'affection qu'avait su lui inspirer Sophie de Nassau, la princesse que, pour partager son trône, il avait choisie dans le modeste château des Princes de Wied, à Monrepos.

Elle a pour titre : Dans mon Foyer.

Oscar II y conte une promenade dans sa résidence favorite, le château de Sofiero, dans le détroit d'Helsingborg. C'est un cycle de cinq poèmes où le poète décrit ce que l'on aperçoit des différentes fenêtres de sa demeure :

« Quelques carreaux de verre, mais que de tableaux se présentent devant moi ! »

Et c'est pour le poète une occasion de rappeler les étranges sagas de la Suède d'autrefois et de placer, l'une après l'autre, une série parfaite de peintures de l'histoire suédoise.

« Dans mon séjour, dit le poète, il est plus d'une fenêtre qui reste ouverte. J'aime à sen-

tir les brises de l'été. J'aime à voir le ciel en
guise de toit. Les vapeurs qui viennent de
bien loin sur la mer éventent mon front. Voici
la chambre que j'habite moi-même. Entrez-y,
mon hôte, par le balcon que rafraîchit la
brise du large. »

Après avoir conduit son hôte de chambre
en chambre, le poète royal l'amène enfin à
celle qu'habite la châtelaine de Sofiero.

« Voici, dit-il, son appartement favori.
C'est là que ses fleurs se baignent aux rayons
du soleil; il n'est pas de domaine plus char-
mant que celui qu'elle s'est choisi elle-même.
Une tente couvre la vérandah d'où nos yeux
se reposent en se portant sur l'Océan qui s'é-
tend au loin, et tout autour il y a de la place
pour les jeux des enfants, de la place pour
s'instruire, pour jouer et aussi pour dormir,
toujours tout près de la mère, car telle est
notre habitude. Au-dessus est mon petit trésor de livres; c'est de là que j'ai sous les

yeux la vue dont j'ai parlé, et il y a aussi là de la place pour plus d'un fidèle ami, pour de chères camaraderies. Eh bien! dites-moi, maintenant, pourquoi désirerais-je une demeure plus grande, des appartements plus riches? Mon lit où je dors en paix se trouve sous un toit paisible; mes jours sont remplis par l'art, la science, la poésie, et chaque jour je bois à grands traits le nectar que versent l'air embaumé des forêts et la vague de l'Océan. »

Ainsi l'existence d'Oscar II a été toute sa vie celle d'un poète et d'un laborieux.

Il a hérité, semble-t-il, de l'infatigable ardeur au travail de son aïeul Bernadotte, comme aussi de ses brillantes qualités d'esprit et de ce don précieux de l'éloquence qui, autant que ses victoires, aida, dit-on, le maréchal à parvenir.

Oscar II passe pour le premier orateur de la Suède, le plus disert, le plus éloquent; et la seule publication qu'il ait faite, depuis son avènement, est celle de ses discours.

De tous les souverains de l'Europe c'est, paraît-il, celui qui a le plus de langues à son commandement.

Outre qu'il connaît admirablement le grec et le latin, il parle très correctement le français, l'anglais, l'allemand, l'italien, l'espagnol et le russe.

Son trésor de livres, comme il appelle sa bibliothèque, contient tous les classiques des langues européennes et un choix d'ouvrages scientifiques et de récits de voyages qui sont pour lui autant de souvenirs des pays qu'il a visités au temps de ses caravanes et de ses croisières. C'est une bibliothèque de savant et de lettré, et non point celle d'un souverain.

Mais qu'a à faire le souverain dans ce sanctuaire des livres et des lettres, le seul domaine dont le mandarinat ne se conquiert qu'avec les chevrons du mérite ?

On a pu contester le trône de Norvège au roi électif, on a pu blâmer sa politique ; mais la royauté littéraire, qui la disputerait au brillant auteur de Charles XII ?

ALBERT SAVINE.

Charles XII

Charles XII

« Ce qui ne meurt jamais, je le sais, c'est
le jugement d'un mort. »

En ces simples paroles, notre *Hávamál* (1)
définit la valeur de l'Histoire.

Le passé en appelle à la justice de l'avenir.

L'Histoire est la réponse, mais des générations se succèdent avant que l'arrêt défi-
nitif soit prononcé.

---

1. Le *Hávamál* est une partie de l'ancien *Edda* rimé,
colligé par Saemund. Il se compose essentiellement de
principes moraux et accessoirement de formules magiques
et de légendes sur les dieux. Finn Magnussen l'a traduit
en latin, en 1828. On peut lire sur cette publication les
études de Depping dans le *Journal des Savants* (1828 et
1829). (*Note du traducteur.*)

Tant que ne sont point retombées dans le silence les acclamations bruyantes et les récriminations des contemporains, tant que le cœur n'a pas cessé de battre, tant que l'adulation garde encore quelque attrait, et la calomnie quelque influence, l'heure n'est pas sonnée où l'histoire prononcera son jugement, et où le radieux soleil de la vérité percera les nuages accumulés par le préjugé et les malentendus.

Mais, bien que, grâce à lui, les perceptions gagnent en clarté, et les perspectives en largeur, grande est la difficulté de prononcer un verdict final, car il ne doit pas avoir pour base des hypothèses.

Il exige une intelligence approfondie des conditions et de la tournure d'esprit caractéristique d'un certain siècle.

Le jugement dont parle le *Hávamál* est de ceux qui comportent un examen exempt de préjugés et en même temps empreint d'indulgence, qui soit fondé sur une conception claire et libre de ce que fut un siècle passé, des forces et des individus qui prédominèrent pendant ce siècle.

Chaque siècle a ses héros qui semblent, pour ainsi dire, personnifier ses tendances et ses aspirations.

A de tels hommes, on ne saurait appliquer la mesure commune.

Quand l'histoire évalue leur œuvre, elle doit le faire en bloc, et non en détail, procédé après lequel il ne resterait pas grand'chose à admirer ni à vénérer dans nos héros, au nombre desquels se trouve Charles XII.

La mémoire de Charles XII est chère à tout Suédois.

Son nom est fameux dans tout l'univers, son histoire fertile en péripéties de toute sorte.

Sa personnalité et ses qualités ont été jugées de bien des façons. C'est donc avec des sentiments de vénération, qui ne sont pas exempts de crainte, que je me risque à tenter une esquisse du véritable caractère du Lion royal du Nord.

IJ

Le commencement du seizième siècle fut
l'aube d'une ère nouvelle.

Des forces inconnues jusqu'alors, mais
irrésistibles, s'éveillèrent à la vie dans les
sphères politiques comme dans les sphères
religieuses, et elles marquèrent leur empreinte sur les destinées futures du monde.

La féodalité du moyen âge avait depuis
longtemps déjà dépassé son âge d'or.

Son *rôle* historique était complètement terminé : il était comme un vieux chevalier qui
se dirige d'un pas chancelant vers une tombe
de plus en plus proche, chargé d'honneur et
de souvenirs, mais las de la vie, sans force,
et courbé sous ses fautes.

La Réforme, qui reconnaissait le droit de
penser librement, était hostile à la féodalité

séculière autant qu'à la féodalité religieuse.

Dans la plus grande partie du continent européen, où la féodalité prédominait au point qu'il n'existait pas de classe agricole autonome, le nouvel ordre de choses aboutit, en général, à la création de principautés, ou à la formation d'un certain nombre de puissantes et indépendantes cités commerciales.

Là où il se créa des principautés, il s'établit une bureaucratie nombreuse, influente et rigoureusement disciplinée, tandis que la formation des cités commerciales conduisait à une oppression communale qui se dissimulait sous les dehors des formes républicaines de gouvernement.

Dans les pays où le protestantisme remporta la victoire, l'aristocratie spirituelle fut écrasée, et l'aristocratie séculière n'attendit pas longtemps son tour.

En Allemagne seulement, quelques-uns des plus puissants seigneurs féodaux réussirent à conquérir une indépendance qui n'a été ébranlée que de nos jours. Mais plus souvent encore les seigneuries de moindre importance disparurent.

En Angleterre, l'aristocratie devint un facteur influent dans le nouveau régime, qui, heureusement pour ce royaume, fut fondé au dix-septième siècle, et qui, favorisé simultanément par la situation du pays et le caractère de la nation, prit un développement spontané des plus remarquables.

D'autre part, en France, où l'on doit accorder la première place aux agitations religieuses parmi les mouvements de cette période, l'autocratie, avec sa tendance à la concentration, prit sa forme la plus nettement prononcée.

Une apparence illusoire de conciliation entre les diverses sectes religieuses avait été acceptée, et l'œuvre de centralisation se compléta.

La tâche de Henri IV et de Sully, déjà ébauchée par Louis XI, fut poursuivie avec esprit de suite et persévérance par les hommes importants qui se succédèrent au timon de l'État, si bien qu'enfin Louis XIV put élever son trône puissant sur les ruines de la France féodale, et prononcer ce mot si fameux dans le monde : « L'État, c'est moi ; »

parole où il résumait, en réalité, sa propre politique aussi bien que le credo gouvernemental du siècle qui porte son nom.

Quant à la Suède, nous reconnaîtrons que, malgré l'analogie frappante qui exisait entre certaines de ses conditions d'existence nationale et celles de la France, surtout au début du dix-huitième siècle, notre pays avait parcouru des phases de développement social fort différentes de celles des autres pays européens, et qu'il s'était créé chez nous une vie spéciale qui reflétait fidèlement les traits typiques du caractère suédois.

C'est ainsi que le sentiment de l'indépendance individuelle se reflétait dans une classe de fermiers francs-tenanciers qu'on n'avait jamais pu supprimer au point de l'empêcher de se poser en adversaire, devant les autres puissances qui formaient l'État.

Le tempérament du peuple réagissait, aussi bien que le climat et la situation, contre la fondation de ces grands et puissants centres de commerce qui créèrent en Allemagne et en Italie des cités possédant des constitutions autonomes, des relations étendues et de grandes richesses.

Un sol pauvre n'était point favorable pour le système féodal qui a besoin, pour prospérer, de vastes et riches domaines.

D'ailleurs, le système lui-même trouvait une résistance chez la classe paysanne de naissance libre, car cette classe voyait en ce système un ennemi futur.

Aussi devint-elle pour la monarchie un allié des plus constants sinon des plus désintéressés.

Le pouvoir de l'Église catholique en Suède, quoiqu'il fût considérable, n'atteignit jamais à celui qu'elle exerçait dans les pays plus rapprochés de Rome.

Toutes les conditions étaient plus simples, les chaînes sociales moins nombreuses, mais non pas plus faibles.

Aussi la Suède n'eut point à traverser de soudaine révolution.

L'Union de Calmar (1) contenait une

---

1. Union sous une seule couronne des trois États scandinaves.

grande idée, une idée profonde, mais, hélas !
mal exprimée, et appliquée plus mal encore...

La conscience qu'avait la Suède d'être une
nationalité distincte s'enracina, selon toute
probabilité, pendant cette période, et c'est à
elle que sont dus les événements les plus
marquants de l'histoire de Suède.

Le premier roi de la famille des Wasa
fonda son trône sur cette première manifestation du sentiment de nationalité.

Il trouva protection et ressources dans la
province de Dalécarlie, où s'était le mieux
maintenue l'indépendance des francs-tenanciers, à la faveur de circonstances locales et
du caractère du peuple, et il se refit un trône
des fragments de celui qu'avait occupé le roi
unitaire, Christian II, appuyé par les épées
et les votes du peuple suédois.

Mais Gustave Wasa et ses successeurs
acquirent certainement, comme les monarques français, un pouvoir plus considérable,
et il le fallut bien.

Toutefois, la vigueur du sentiment national qui s'affirma, en Suède, fut la sauve-
garde de la liberté, et l'on doit reconnaître,

pour rendre hommage à nos plus grands
hommes d'État, qu'ils furent eux-mêmes les
personnifications les plus complètes de notre
vie nationale, de notre caractère.

« L'histoire de la Suède, c'est celle de ses
rois, » dit, avec vérité, notre grand poète
Geijer, et ce mot a une signification autre
et, selon moi, bien plus honorable que celui
de Louis XIV, que j'ai cité plus haut.

Au dehors, la Suède dut sa grandeur à ses
magnifiques exploits, de même qu'au dedans,
sa régénération fut le résultat de la réforme
religieuse, aussi bien que de la réforme politique.

Il est bon de rappeler que la noblesse sut,
par son courage et son talent administratif,
se créer la situation politique qui est due aux
mérites personnels, et qu'elle a gardée jusqu'à nos jours.

Il peut se faire que les chefs de ce parti
aient espéré regagner un jour, par la distinction de leurs services sous les drapeaux, le
pouvoir que s'était efforcé d'atteindre la noblesse du Nord dans le moyen âge.

Deux régences prolongées, pendant les-

quelles les affaires furent dirigées par des
hommes d'État distingués qui appartenaient
aux familles les plus éminentes du pays, le
règne d'une reine éprise de faste, et les
guerres incessantes qui obligeaient les
hommes à servir en dehors du pays, favori-
saient un plan de cette nature.

A l'époque où Charles XI atteignit sa majorité, il semblait que le but fût bien près
d'être atteint.

Au point de vue du pouvoir, de la richesse,
de l'importance politique et de l'étendue des
possessions territoriales, nos familles nobles
les plus éminentes égalaient complètement
celles de l'Allemagne.

Les conseillers d'État suédois deman-
dèrent et obtinrent d'être traités sur le même
pied qu'un prince héritier d'Allemagne. En
outre, ils étaient apparentés à des familles
princières tant suédoises qu'étrangères.

La noblesse possédait une grande partie
du territoire suédois.

Ses terres étant, par privilège, exemptes
d'impôts, ceux-ci ne pesaient que plus lourdement sur le reste du sol, et tout le système

fiscal du pays était menacé d'une catas-
trophe.

La classe agricole courait un danger plus
grand encore.

Les seigneurs féodaux, créanciers impi-
toyables, menaçaient de subjuguer, par la
loi et l'épée, toutes les autres classes de
l'État.

Heureusement la monarchie nationale eut
assez de force et de sagesse pour élever une
barrière devant cette entreprise, qui aurait
poussé notre développement social dans une
ornière si dangereuse.

La Suède eut en Charles XI son Louis XIV,
avant qu'il fût trop tard, tout comme elle
avait eu un Louis XI en Charles IX, seulement à une époque où le pays avait fait assez
de progrès pour permettre au peuple de se
ranger du côté de la couronne.

Vraiment, il est visible que la Providence
a veillé sur le peuple suédois.

L'amoindrissement du pouvoir des seigneurs féodaux par Charles XI était nécessaire, mais l'exécution fut cruelle et beaucoup
trop rigoureuse.

Sur les ruines d'une aristocratie territo-
riale à tendances fédéralistes, il fonda une
hiérarchie bureaucratique, dévouée, loyaliste,
et, en vue de rétablir l'ordre dans l'état social, ébranlé et troublé, et de consolider le
nouveau régime politique, les représentants
du pays l'investirent d'un pouvoir, d'une autorité qui étaient réellement du despo-
tisme.

Tout le monde était d'accord pour dire
qu'une monarchie despotique était devenue
nécessaire pour raffermir le nouvel ordre
politique.

On peut dire avec vérité que le roi des trois
royaumes avait été choisi comme dictateur
par ses sujets, afin qu'il pût, même au prix
d'un sacrifice temporaire de leur liberté,
maintenir et développer les institutions dont
dépendaient, à l'avenir, leur existence et leur
progrès.

Il faut dire, à l'honneur de Charles XI,
qu'il n'employa ses grands pouvoirs que
pour le bien de l'État, jamais à son profit
personnel, et la meilleure preuve que l'on
puisse donner de sa sagesse, c'est que, mal-

gré son pouvoir illimité, il consulta fréquemment les États.

Charles n'avait point reçu de la nature des dons supérieurs.

En outre, son éducation avait été négligée ; mais il reste prouvé que son règne fut celui d'un homme d'État intelligent et bienfaisant.

Les provinces, glorieusement défendues par lui à l'heure du danger, appartiennent encore à la Suède, tandis qu'elle en a perdu à jamais d'autres dont l'acquisition lui avait coûté bien plus cher.

A sa mort, il laissait le pays dans une situation qu'il n'avait pas connue depuis l'époque de Gustave Wasa, et qu'il n'a atteinte de nouveau que sous le règne de mon grand-père et de mon père, Charles-Jean (Bernadotte) et Oscar Ier.

Un trésor bien garni, une magistrature incorruptible, un commerce qui s'étendait jusqu'aux régions les plus lointaines du globe, une armée réorganisée et bien équipée, une forte et habile marine qui dominait presque exclusivement sur la Baltique :

tels furent les fruits du règne de ce prince (1).

En outre, il avait fortifié la situation de la Suède comme grande puissance.

Tous les États étrangers se disputaient

---

1. C'est un fait connu, et universellement admis, que cette armée était celle avec laquelle Charles XII accomplit ses remarquables faits d'armes.

On devrait savoir, et on ignore que la grande création de Charles XI, — la marine, — joua un grand rôle dans les succès étonnants qu'obtint son fils dans les campagnes de ses débuts.

Et, à ce propos, je ne puis m'empêcher d'attirer l'attention sur les grands avantages que les Suédois durent à la possession d'un gouvernement qui avait apprécié à sa juste valeur et développé notre marine.

Trois de nos monarques se distinguent par les soins attentifs qu'ils ont donnés à la marine : ce sont Gustave Wasa, Charles XI et Gustave III.

Voici les résultats que produisit leur activité. Sous Gustave Wasa, le commerce commença pour la première fois à prospérer, et l'antique pays des Vikings, si longtemps oublié, retrouva renommée et considération ; sous Charles XI, grâce à sa domination sur la Baltique, la suprématie de la Suède dans le Nord, et son droit de participer aux affaires politiques de l'Europe furent admis définitivement, et portés au plus haut point ; en dernier lieu, sous Gustave III, la Suède, en dépit de bien des circonstances malheureuses, put soutenir, à elle seule, contre la puissante Russie, la seule guerre qui, depuis le commencement du dix-huitième siècle, se soit terminée sans faire perdre du territoire au pays.

De tels enseignements de l'histoire ne sauraient être voués à l'oubli.

2

son amitié, et la Suède fut en mesure d'agir efficacement comme arbitre à la paix générale de Ryswick, où elle fut convoquée par l'appel unanime des parties intéressées (1).

Nos frontières ne furent jamais aussi étendues qu'alors.

Peut-être ne pouvait-on les qualifier de frontières naturelles dans le sens qu'on attache aujourdhui à ce terme, mais elles étaient assurément une preuve de puissance et une source d'influence.

Par les traités de Stolbova et de Brömsebro, par le traité de Westphalie, par les traités de Roskilde et d'Oliva, la Suède avait obtenu la reconnaissance de ses droits aux possessions continentales qu'elle avait conquises à la pointe de l'épée, ainsi que des provinces de Scanie, de Hekinge, de Halland et de Bohus, dans la péninsule scandinave.

---

1. L'une de ces parties, la France, déclara, par la voix de son envoyé à Stockholm, qu'elle ne désirait voir faire aux traités de Westphalie et de Nimègue d'autres changements que ceux que le roi de Suède jugerait lui-même avantageux.

Elle avait obtenu le droit de libre passage
par le Sund, le droit d'élever la voix dans les
affaires intérieures de l'Allemagne, et les
protestants persécutés tournaient leur regard
vers elle comme vers une protectrice.

Par une opposition décidée contre le Danemark, la seule autre puissance qui eût sur
la Baltique des possessions de quelque importance, et sur mer une flotte comparable à
la nôtre, la Suède se plaçait au premier rang
pour garantir le Holstein à la famille ducale,
avec laquelle la famille royale de Suède était
étroitement unie par les liens matrimoniaux,

Enfin, par suite du mariage de Charles XI
avec la princesse danoise Ulrique Éléonore,
une question se posait, que l'avenir pourrait
résoudre par une nouvelle union de Calmar,
dans des conditions bien plus avantageuses
pour la Suède que celles de la première.

III

Tel était donc l'héritage qui revenait au
prince Charles, quand il naquit à Stockholm,
à l'aurore du 17 juin 1682.

Sa naissance fut saluée avec joie par tout le
pays, et l'on raconte que des signes remarquables se produisirent sous des formes va-
riées autour de son berceau, ce berceau qui
constitue aujourd'hui encore un des plus
précieux trésors historiques de la maison
royale de Suède.

Ces présages étaient accueillis avec foi par
le petit peuple, qui s'attendait, par conséquent, à de brillantes destinées pour le petit
prince, et c'était l'objet des espérances de
tous.

Les premières années de Charles XII se
passèrent sous les soins d'une mère digne

d'être proposée comme un modèle, Ulrique
Éléonore, qui grava en sa jeune âme cette
crainte de Dieu, cet amour de la justice et
cette pureté de mœurs qui distinguèrent le
jeune homme et l'homme fait.

Lorsque le prince eut quatre ans, on lui
donna comme gouverneur le comte Eric
Lindsköld, et, bientôt après, comme précep-
teur un réputé professeur de rhétorique
d'Upsal, Norcopensis, qui fut plus tard anobli sous le nom de Nordenthelm.

Ce fut, dit-on, Charles qui demanda cet
honneur à ses parents.

Charles XI, qui connaissait par expérience
les inconvénients d'une éducation négligée,
veillait incessamment sur l'instruction de
son fils.

Celui-ci fit des progrès rapides dans toutes
les connaissances, mais surtout dans l'histoire, les mathématiques, l'étude des classiques.

Ses dons naturels se développèrent rapidement, et il fut considéré à bon droit comme
un enfant doué d'une perception rapide et
d'une brillante intelligence.

Malheureusement ce plan d'éducation ne put être poursuivi jusqu'au bout sans interruption, car, en 1693, la mort vint lui enlever sa tendre et pieuse mère, après une existence qui avait été marquée par un profond sentiment du devoir.

La noblesse du caractère, et la bonté avaient été les traits distinctifs de cette princesse, qui n'avait guère connu le plaisir et la reconnaissance d'autrui.

La perte d'Ulrique Éléonore fut pour Charles comme la perte d'un ange gardien.

Le vénérable Nordenthelm ne tarda pas à suivre la reine dans la tombe, où il avait déjà été précédé par Lindsköld, gouverneur royal.

Il fut remplacé dans ce poste par le comte Nyls Gyldenstolpe, qui était alors conseiller de la chancellerie.

Thomas Polus prit la place de Nordenthelm, que néanmoins il ne remplit pas complètement.

Le chagrin qu'éprouva Charles en perdant sa mère fut si violent que sa santé en fut gravement atteinte. Peu après la cérémonie

des funérailles, il fut saisi d'une fièvre violente qui faillit l'emporter.

Sa jeunesse et sa forte constitution repri-
rent pourtant le dessus.

Son développement se poursuivit bientôt,
et, dès l'âge de quatorze ou quinze ans, il
était, dit-on, fier d'avoir cet air mâle, cette
haute taille qui plaît tant à l'œil des Suédois.

Les jeux de la guerre devinrent désormais
son occupation favorite, et il eut pour initia-
teur dans la science militaire un excellent
officier, du nom de Stuart.

Le prince avait souvent la permission
d'accompagner son père dans ses voyages et
ses inspections à travers le pays.

Il suivit aussi quelque temps les leçons de
l'Université d'Upsal.

Partout il s'acquit l'affection du peuple.

Au commencement de 1697, l'évêque Ber-
zélius le prépara pour la confirmation : il ne
reçut la sainte communion que le lendemain
de la mort de son père.

Le 14 avril 1697, Charles XII monta sur
le trône royal de Suède, par droit de naissance.

Il était âgé de quatorze ans et dix mois.

Conformément aux dispositions du testament que son père avait fait aussitôt après la mort de la reine Éléonore, il devait y avoir, jusqu'à l'époque où le fils atteindrait « un âge plus mûr », un conseil composé de cinq régents, et présidé par la reine douairière, femme de Charles X.

La régence devait être consultée dans toutes les affaires d'État, suivant des instructions détaillées qui réglaient toutes les formalités.

Il ne manquait qu'une stipulation, très importante il est vrai, celle qui aurait dû fixer l'époque où le roi serait d'âge plus mûr.

Dès lors, toute la régence fut une malheureuse combinaison, et ses fonctions politiques s'évaporèrent entièrement en intrigues, dont le but unique était de s'assurer la faveur du roi, et de se mettre à l'abri de tout reproche pour l'avenir.

Néanmoins, Charles ne fut pas longtemps sans faire sentir l'influence de sa volonté personnelle, en dépit d'une faible grand'mère et de régents irrésolus.

Parmi ceux-ci, le président comte Bengt Oxenstierna doit être indiqué comme celui qui avait le plus d'influence et d'autorité ; mais sa suprématie n'était pas incontestée.

Les partis étaient nettement tranchés, principalement sur les questions de politique extérieure.

Entre la France et les puissances maritimes une guerre se livrait dans le conseil suédois, où la flatterie, l'argent, l'intrigue jouaient tour à tour leur rôle et se succédaient rapidement.

En fait, les maigres renseignements que nous possédons sur cette époque semblent démontrer avec certitude que certains hommes d'État suédois n'étaient pas inaccessibles aux tentations de l'or, contre lequel nous prétendons aujourd'hui être protégés par une cuirasse d'acier. Mais, quelque regret que nous inspirent les abus, il ne serait pas juste de rejeter tout le blâme sur la forme du gouvernement. Il nous faut, avant tout, nous rappeler les différentes manières de voir qui prévalaient, manières de voir que tout le siècle suivant n'a point ébranlées, qu'il a peut-être même paru encourager, malgré toutes ses prétentions à la liberté et aux lumières.

Il y avait un troisième parti, celui des Danois, composé des hommes qu'avaient le plus mécontentés les mesures prises pour diminuer le pouvoir de la noblesse.

Ce parti travailla d'abord en secret à faire prévaloir la succession danoise ; mais, quand il eut reconnu son impuissance, il se réunit au parti « français », et lui donna ainsi une supériorité marquée, malgré l'opposition de la reine douairière et d'Oxenstierna.

Ce parti avait pour chefs les régents Christoffer Gyllenstjerna, Fabian Wrede et Wattenstedt, et l'appui du gouverneur du roi, Gyldenstolpe, et d'autres hommes politiques influents.

L'aversion qu'on éprouvait à l'égard d'un gouvernement aristocratique, en général, mais plus particulièrement la faiblesse manifeste de la régence avaient rendu celle-ci très impopulaire dans le pays, et avaient exalté le désir national d'avoir un maître jeune, résolu, intelligent.

Les chefs des différents partis politiques se montrèrent anxieux de faire tourner ces vœux en faveur de leurs plans.

Les conséquences ne se firent pas attendre.

Elles furent accélérées par plusieurs événements imprévus, — une famine générale, telle que le pays n'en avait point vu de semblable depuis bien des années, des signes menaçants pour la paix de l'Europe, bien que le brandon de la guerre eût été récemment éteint, et enfin un palais détruit par un horrible incendie, dont les circonstances mystérieuses jetèrent le peuple dans une sorte d'abattement superstitieux.

En cette dernière occurrence, le jeune Charles eut, pour la première fois, l'occasion de faire preuve de cette résolution et de cette présence d'esprit qui, dans la suite, ne l'abandonnèrent jamais.

Sa popularité ne s'en accrut que davantage, et quand il fallut quitter les ruines brûlantes du château de son père, dont il ne devait plus franchir le seuil, il eût pu voir dans les acclamations bruyantes du peuple, l'augure de ces grands événements qui devaient plus tard exercer une influence si considérable sur sa destinée.

Les États avaient été convoqués pour assister aux funérailles du feu roi.

Du moins c'était là le motif ostensible, bien que tout le monde prédît que cette réunion aboutirait à quelque chose d'important dont, cependant, on ne se faisait qu'une idée vague.

Les pairs et la noblesse s'assemblèrent en plus grand nombre qu'on ne l'avait jamais vu, et quand on élut le président, le parti français, qui semblait le plus disposé à voter la déclaration de majorité du roi, l'emporta.

Les cabales commencèrent aussitôt, mais elles ne présentent aucun intérêt.

Il n'y avait aucun plan, il n'y avait point de chefs pour mener à bonne fin la déclaration de souveraineté, |bien qu'on désignât comme un énergique chef de parti le comte Piper, qui devint dans la suite un homme si influent.

Et à quoi bon des plans, des chefs, des ententes secrètes, puisque la majorité était d'accord, ou paraissait l'être, sur la question principale ?

Les événements se déroulèrent d'eux-mêmes, et cela avec une remarquable rapidité.

Ce fut dans la matinée du 18 novembre que le mot fut prononcé pour la première fois, dans l'assemblée des nobles.

Ceux, en petit nombre, qui se montrèrent réservés, furent une minorité infime, à laquelle on imposa silence, et qui fut même l'objet de railleries.

Une députation fut envoyée au gouvernement, qui justement alors se trouvait réuni.

Fabian Wrède fut le seul qui manifesta quelque hésitation, pendant que les régents, y compris la reine douairière, acquiesçaient avec empressement.

On donna rendez-vous à l'assemblée des nobles pour l'après-midi, et on y convoqua aussi les communes auxquelles personne n'avait paru songer jusqu'alors.

Des députations de ces dernières se réunirent.

La question fut discutée publiquement,

mais le clergé fut seul à demander qu'on montrât moins de précipitation, et fit preuve d'une mauvaise volonté que l'historien impartial doit qualifier de respect de la légalité.

Comme on l'a déjà dit, l'âge de la majorité n'était pas fixé dans le testament de Charles XI.

Peut-être l'avait-il omis à dessein pour laisser à l'interprétation de son silence la marge que comporterait l'enchaînement des événements, mais en conformité avec une coutume immémoriale, et selon une résolution des États de Suède datant de 1604, un roi de Suède ne devenait majeur qu'à dix-huit ans, et Charles XII n'en avait que quinze.

Néanmoins, ainsi qu'il arrive généralement quand les partis sont surexcités, le tonnerre des acclamations couvrit toutes les protestations.

On ne se donna pas une minute de réflexion. Dans cette même après-midi, tous les États se réunirent dans la Chambre des nobles.

Ceux-ci étaient en grand nombre.

Ils se levèrent comme un seul homme,

jetèrent leurs chapeaux en criant avec enthousiasme :

— Vivat rex Carolus !

A cela se réduisit la délibération.

Les bourgeois et les paysans joignirent leurs acclamations à celles de la noblesse.

Le clergé fut atterré ; il n'y avait de présents qu'un petit nombre de ses députés.

Le lendemain, cet État se réunit.

Dans cette séance, on prononça quelques paroles de prudence, mais ce qui avait été fait ne pouvait se défaire.

Le maréchal du royaume, à la tête des États en assemblée plénière, obtint l'audience qu'il avait demandée entre six et sept heures du soir, et exhorta de leur part le roi à prendre sans retard les rênes du gouvernement.

Au nom du peuple entier, il promit que les Suédois seraient fidèles et obéissants sujets, qu'ils sacrifieraient en cas de nécessité leurs biens, leur vie, leur sang, et on doit bien reconnaître qu'ils tinrent jusqu'au bout leurs engagements.

Le roi répondit par une affirmation et déclara qu'avec l'aide de Dieu et au nom de Jésus il allait exercer le pouvoir.

Ainsi, en ce court espace, dix heures à peine, fut accomplie cette remarquable révolution.

On peut la regarder comme le Narva politique de Charles XII.

Pour nous, qui considérons ces événements avec le recul que leur a donné le passé, et sans éprouver de sentiments pénibles, il nous semble qu'il eût été bien préférable, tant pour la Suède, que pour le roi, qu'il se fût élevé à la souveraineté complète d'une manière moins hâtive et moins révolutionnaire.

Le Roi Lion aurait eu le temps de prendre plus de force ; son jeune esprit eût pu mûrir pour les grandes tâches qui allaient solliciter l'une et l'autre.

Mais le petit peuple, — comme c'est l'ordinaire, — ne voyait rien au delà des joies et des avantages de l'heure présente, et ce fut au milieu d'une joie universelle des hautes classes et du populaire que le roi prit en

plenum plenorum, le 29 novembre, l'exercice
du gouvernement.

Après cela, les États étaient virtuellement
dissous, bien que des séances se soient tenues
quelques semaines plus tard.

Aussi les représentants de la nation furent-
ils en mesure d'assister avant leur séparation
aux funérailles du roi Charles XI, ainsi qu'au
couronnement de son tout jeune fils, Charles XII.

IV

Il était tout naturel qu'un jeune garçon comme Charles XII eût d'abord fort peu de penchant pour les objets les plus sérieux de l'administration.

On connaît trop bien, pour qu'il soit nécessaire d'en faire mention ici le plaisir qu'il prenait à des jeux guerriers, où il mettait l'ardeur de son âge, ses audacieuses chasses à l'ours, les marches forcées à cheval qu'il faisait en compagnie de jeunes gens de son âge.

On a soutenu que son beau-frère, le duc de Holstein, inspiré par des motifs méprisables, encourageait ces téméraires exploits, avec l'espoir que l'un d'eux pourrait conduire à une vacance du trône, et c'est ce qui expli-

que pourquoi le duc était vu d'un mauvais
œil par le peuple.

Chose étrange pourtant, on sait beaucoup
moins que le roi ne tarda pas à changer de
conduite.

Sans renoncer à ses exercices virils, il se
sépara peu à peu des compagnons qui étaient
les plus liés avec son beau-frère, et commença à accorder plus de temps aux devoirs
de la royauté, et cela quelque temps avant
qu'éclatât l'orage qui allait bientôt ravager
le Nord.

La politique de neutralité qu'avait suivie
son père, et la sage administration de celui-
ci, avaient depuis longtemps augmenté l'influence que la Suède avait en Europe et le
respect qu'elle inspirait, mais en même temps
elles avaient ajouté à la jalousie des puissances voisines.

Depuis quelques années, la Russie avait
pour maître le souverain célèbre qui était
appelé à fonder la grandeur de ce pays, et
qui le fit en partie à nos dépens.

Dans le royaume électif de Pologne,
Auguste, Électeur de Saxe, avait réussi,

malgré les efforts de la France en faveur du
prince de Conti, à mettre sur sa tête une couronne qui, toutefois, lui donna plus de lustre
que de pouvoir.

Le pays du grand homme de Brandebourg
se préparait en silence à la tâche qu'il devait
accomplir un jour dans l'histoire du monde ;
et le Danemark, notre ennemi implacable
à cette époque, couvait des projets de
revanche au sujet des provinces qu'il avait
perdues.

Quand les maîtres de ces États virent la
Suède gouvernée par un roi à peine adoles-
cent, qui n'avait pas même l'âge légal pour
la majorité, et qui, en outre, employait son
intelligence et son temps à des exploits audacieux, téméraires et pleins de dangers, un roi
dont les États contenaient bien des causes
de fermentation, ils se leurrèrent de l'espoir
que notre pays serait une proie facile pour
leurs forces réunies.

Il ne manquait pas de traîtres pour attiser
ces espérances.

La noblesse livonienne, traitée avec une
impudente rudesse par le gouvernement sué-

dois, s'était créé dans la cour de Russie, comme dans celle de Pologne, des relations suspectes qui avaient pour effet naturel d'accroître le mécontentement du pays.

La façon répréhensible dont le tsar Pierre et le roi Auguste, — le propre neveu de Charles, — le traitèrent, n'est sans doute pas sans précédent dans l'histoire, mais elle était en contradiction avec les idées que Charles se faisait de l'honneur et de la morale. Elle entretint dans son cœur une aversion profonde, qui exerça une influence considérable sur sa conduite future.

Il faut, en effet, se souvenir que trois jours avant d'avoir conclu une alliance offensive avec le roi Auguste, le tsar Pierre avait signé un traité d'amitié avec Charles, et qu'à cette occasion il avait demandé et obtenu de notre confiant héros un subside sous forme d'artillerie ; que d'autre part, moins de quinze jours auparavant, le roi Auguste avait envoyé à Stockholm une ambassade pour présenter au roi ses compliments à l'occasion de son avènement.

Bien qu'animée de dispositions tout aussi

hostiles, la cour de Brandebourg demeura neutre, pendant que le roi de Danemark entrait secrètement dans la coalition, ce qui ne l'empêchait pas de proclamer bruyamment son amitié pour Charles qui était son parent.

Sous ce masque hypocrite, trois États puissants se préparaient à attaquer notre pays et son roi imberbe.

Sans dire un mot d'avertissement, sans déclaration de guerre, ils jetèrent le masque, et tirèrent l'épée, sûrs de la victoire ; mais ils avaient compté sans leur hôte, c'est-à-dire sans Charles XII et ses Suédois.

Lorsque ces nouvelles inattendues arrivèrent simultanément de toutes les frontières du pays, un frémissement d'alarme secoua toute la nation.

A l'instant, tous les partis furent réconciliés par l'amour de la patrie, et d'un rapide et puissant coup de patte, le Lion suédois, irrité, abattit sur le sol ses antagonistes.

Si Charles tourna d'abord ses forces contre le Danemark, il eut certes parfaitement raison, car c'était son adversaire le plus proche, et celui qui était le moins à portée d'être secouru.

Charles eut bientôt mis sa flotte en état sous le commandemant du contre-amiral Hans Wachtmeister. Il dirigea les régiments les plus rapprochés de la frontière vers la Scanie, et le 12 avril 1700, il quitta sa capitale, que, hélas! il ne devait plus jamais revoir.

Le roi de Danemark avait fait reculer la majeure partie de son armée jusque dans le Holstein, où il s'était rendu en personne.

Très probablement, il s'était bercé de l'espoir d'écraser le duc de Holstein et son faible corps d'auxiliaires suédois, avant que Seeland fût menacé. Mais il avait payé cher cette négligence.

La flotte suédoise entra dans le Sund par le sud, en même temps qu'une escadre anglaise et une escadre hollandaise y pénétraient par le nord pour aider la Suède : la flotte danoise n'osa sortir.

Dans le district de Malmö, il se trouvait, au moment de l'arrivée du roi, à peu près 6,000 hommes, mais l'économie du temps était d'une bien plus grande importance que quelques milliers d'hommes.

Une inspiration, marquée du sceau de sa grandeur, dicta les décisions du jeune général.

La flotte étant maîtresse du Sund, il embarque ses quelques régiments, avec la rapidité de l'éclair, prend terre à Humlebäck, petit village de pêcheurs qui se trouve au-dessous d'Elseneur.

Dans son impatience, il n'attend pas l'arrivée de ses gardes, il quitte le bateau, pour gagner la cité en marchant dans l'eau.

Enflammé d'un jeune héroïsme, il entend pour la première fois les balles siffler à ses oreilles, et s'écrie avec un enthousiasme prophétique :

— Désormais je n'entendrai pas d'autre musique.

Il remporte la victoire presque sans verser de sang.

Il frappe de terreur le gouvernement danois, en même temps que, par la noblesse de sa conduite et la sévère discipline de ses troupes, il s'attire la sympathie de la population de Seeland.

Ce n'est pas avec admiration seulement, c'est aussi avec affection qu'elle accueille le fils de sa bonne et vénérée Ulrique.

Aux nombreuses députations qui viennent le trouver à son camp, il répond avec une modeste assurance :

— Ce que j'ai fait, on m'a contraint de le faire, mais soyez certains qu'à partir de ce jour je serai pour votre nation le plus sûr des amis.

Et il ne se borne pas à parler ainsi, il agit avec la même générosité chevaleresque.

Devant les murs mêmes de Copenhague, il accorde un armistice.

Il n'exige pas un pouce de territoire du roi qui vient de tirer l'épée contre lui, et qui, moins d'un mois après, est réduit à implorer de lui la paix.

Celle qui fut conclue ensuite doit être regardée comme le règlement d'un malentendu entre le Danemark et le Holstein : l'intérêt de la Suède n'est pas directement en cause.

Nous pouvons bien demander, à l'exemple d'un de nos historiens les plus remarquables : « Peut-on voir là une soif aveugle de gloire

militaire, et n'y a-t-il point un sentiment de
pacifique grandeur au fond de l'âme d'un roi
qui met ainsi le sceau à sa première victoire ? »

Nous comprenons parfaitement l'enthousiasme que produisit chez l'honnête peuple suédois, une action pareille où se trouvaient réunies la magnanimité, la noblesse
du caractère et la résolution la plus héroïque.

Des joies que donnait le succès, le roi et
son peuple furent pourtant rappelés par de
sérieux soucis.

On se demandait tout bas, et non sans
appréhension : « Contre qui devons-nous
diriger maintenant nos armes ? »

C'était indubitablement le roi Auguste qui
avait rompu le premier la paix, mais son
attaque contre la Livonie avait échoué, grâce
à la vigilance et à l'expérience militaire du
feld-maréchal Eric Dahlberg.

D'autre part, le tsar Pierre était un ennemi
bien plus dangereux, tant par ses qualités
personnelles que par l'importance de ses
forces.

En outre il avait derrière lui la nation la

plus nombreuse de l'Europe, et cette nation avait des avantages considérables à conquérir aux dépens de la Suède.

Charles ne confia pas même ses plans à son ami le plus intime.

En général, les hommes remarquables par leur activité ont peu de penchant à parler de ce qu'ils comptent faire.

De plus, la conduite perfide dont les trois monarques s'étaient rendus coupables envers la Suède, avait fait naître chez le jeune roi un vif désir de tenir secret le but de tous ses actes futurs.

C'est là que se montre un des traits les plus caractéristiques de notre héros.

Il esquiva toutes les exhortations pacifiques des envoyés étrangers et accéléra l'embarquement de son armée à Carlshamn.

Sans donner à l'ennemi le temps d'agir, et avant même que celui-ci connût le résultat de la campagne danoise, ses troupes débarquèrent à Pernau et se trouvèrent au cœur de l'Esthonie, où elles accélérèrent leur marche pour secourir Narva, qui était serré de près par les Russes.

Je ne puis m'étendre sur cette bataille remarquable, où une poignée de nos ancêtres remporta sur une armée bien des fois plus nombreuse qu'elle, la victoire la plus complète que mentionne l'histoire.

La bataille proprement dite consista à prendre d'assaut des levées de terre hâtivement construites par l'ennemi, et avec lesquelles il essaya de protéger ses travaux de siège menacés par derrière.

Bien qu'au premier coup d'œil, cela parût capable d'arrêter la marche en avant, il n'en fut point ainsi.

Les troupes russes, très inexpérimentées et fort mal organisées, s'étendaient beaucoup trop, et comme il fallait qu'une division fût tournée contre la ville pour empêcher une sortie, elle ne pouvait être d'un grand secours à l'autre.

Un orage de neige vint à point cacher les deux colonnes d'attaque suédoises.

La surprise fut complète, et le nombre des prisonniers si considérable que nos troupes étaient trop peu nombreuses et trop fatiguées pour les garder.

Le roi les mit en liberté le lendemain.

Les trophées furent aussi riches que glorieux, et il s'y trouva un grand nombre de ces mêmes canons suédois dont on avait fait présent au tsar.

La nouvelle de la victoire se répandit de tous côtés, et le souvenir en vivra toujours parmi nous.

Et cependant, cette journée de Narva, malgré l'éclat qu'elle répandit autour de la Suède et de Charles XII, ne fut pas une journée qui porta bonheur.

La victoire, quoique chèrement achetée, fut trop miraculeuse, trop aisément gagnée. Elle engendra un mépris pour l'adversaire, qui eut de fâcheux résultats.

Le grand tsar devina son rival tout en l'admirant. Il tira de ses propres échecs et du caractère de son ennemi une leçon profitable, dont il sut faire bon usage, et bien que ce profit ne fût fait qu'à notre détriment, la justice nous oblige à lui en laisser l'honneur.

Au quartier général suédois, plusieurs voix se firent entendre pour qu'on continuât

la campagne contre la Russie. En effet, rien
ne paraissait plus naturel.

Le roi Auguste, effrayé de la rapide succession de mauvaises nouvelles qu'il recevait
des champs de batailles, demandait instamment la paix, et il est très probable que le
tsar vaincu, abandonné de ses alliés, aurait
été lui aussi contraint de remettre l'épée au
fourreau.

On disait même que l'ange gardien de la
Suède levait à ce moment la main pour tenir
en garde le jeune et héroïque roi si favorisé
de la fortune.

Bengt Oxenstierna, ce chancelier du
royaume, qui avait déjà un pied dans la
tombe, insista auprès du roi pour qu'il prêtât
l'oreille aux propositions de paix qui suivirent une telle victoire.

Le comte Piper, l'ami favori et influent du
roi, appuya cet avis.

Mais ni l'un ni l'autre ne furent écoutés.

Le troisième ennemi n'avait pas encore été
battu *par l'épée.*

Deux raisons peuvent avoir déterminé
Charles.

D'abord la colère que lui avait inspirée la trahison d'Auguste, que même il regardait comme le véritable instigateur du complot.

Il y avait en second lieu l'appréhension que s'il acceptait immédiatement les propositions de paix, ses ennemis, maintenant vaincus, l'attaqueraient au premier moment opportun.

Cette dernière raison ressort clairement des paroles d'un de ses panégyristes.

Sans refuser toute valeur à cet argument, et tout en reconnaissant qu'un ennemi vaincu n'accepte jamais de bonne grâce une paix forcée, et qu'il entretient généralement l'espoir de prendre quelque jour sa revanche, nous devons rappeler néanmoins que la prudence peut conseiller au vainqueur d'accepter des offres d'entente.

Il nous faut dire, en outre, que deux des alliés ayant été entièrement battus et le troisième sollicitant la paix, l'union était rompue entre eux, et les conspirateurs qui jusqu'alors avaient agi de concert, s'accusaient mutuellement de mauvaise foi.

Une nouvelle coalition n'était donc pas à redouter.

La première raison avait un caractère purement personnel, et sans doute, elle avait un grand poids aux yeux de Charles. Peut-être même était-elle décisive, d'autant plus que son caractère, son éducation, le genre de gouvernement de son royaume, l'amenaient incontestablement à tenir compte tout d'abord de ses sentiments personnels, sans jamais écouter les conseils de la prudence.

Quelles qu'aient été les raisons, les conséquences furent déplorables.

Une fois le sort de la guerre décidé, des années, bien des années de peines et de souffrances devaient se succéder, bien du sang devait être versé, avant que la paix régnât de nouveau dans le Nord.

V

Dans le cours de [l'année 1700, la Suède était parvenue à rassembler et à organiser ses forces.

Avant la campagne suivante, il y avait en Livonie 16,000 'hommes de cavalerie et 28,500 fantassins (1).

Au commencement de décembre 1700, le roi se mit en marche vers le Sud avec une partie de ses forces.

L'opinion générale était qu'il allait entrer en Courlande, où étaient postées quelques troupes saxonnes; mais bientôt, à la surprise

---

(1) Il resta en Suède environ 20,000 hommes de toutes armes. Il y en avait à peu près autant dans les garnisons de Poméranie, de Wismar et de Brême. Toute la force armée se montait à 90,000 hommes, dont la moitié étaient sous le commandement de Charles, quoiqu'ils fussent répartis sur toute la frontière orientale.

4

de tout le monde, le roi alla établir ses quartiers d'hiver dans le sud de la Livonie.

L'ennemi eut ainsi du répit pendant que
les Suédois restaient inactifs.

La Russie et la Pologne se coalisèrent de
nouveau, mais le Danemark, avec lequel
on avait conclu une paix définitive, ne s'ad-
joignit pas à cette ligue.

C'est un fait qui caractérise la situation.

Pendant quelque temps, le roi Auguste fut
en état de soutenir son parti en Pologne par
des intrigues et des promesses, mais Charles
ne perdait pas son temps, qu'il consacra,
pendant tout l'hiver, aux affaires de l'État,
ainsi qu'à des exercices qui aguerrirent ses
troupes.

Vers le milieu de l'été de 1701, il leva le
camp pour la première fois, et entra en Courlande avec une armée d'environ vingt mille
hommes.

Le passage de la rivière Dürna, auquel le
feld-maréchal saxon Steinau s'opposa vivement, fut exécuté avec habileté et vigueur,
et l'ennemi battu, se retira en Pologne. Mais
Charles ne l'y suivit pas.

Il se dirigea lentement le long des frontières de Lithuanie, comme s'il hésitait à faire le pas décisif, bien qu'il eût pris une résolution définitive, irrévocable, résolution dont ne purent le détourner ni les humbles prières des envoyés d'Auguste, ni les instances de la belle Aurore de Kœnigsmark, ni les propositions de médiation des puissances étrangères, ni les conseils de ses principaux généraux.

La couronne de Pologne, quel magnifique encouragement à la victoire !

Dans ce malheureux pays, des dissensions intérieures paraissaient favoriser les projets de Charles, qui furent encore fortifiés par le souvenir des exploits de son invincible grand-père et par le mécontentement qui se glissait peu à peu dans les esprits du peuple à l'égard de l'électeur de Saxe.

La riche et influente famille des seigneurs Sapieharnes, dont Auguste avait voulu réfréner l'arrogance et l'ambition, se déclara en faveur de Charles.

D'autres personnages importants par leur haute situation contribuèrent par leurs récriminations à fortifier la cause de Charles, et finalement son armée se grossit de nombreuses troupes de soldats de l'armée polonaise.

Tous ces motifs firent éclore dans l'esprit de Charles une entreprise sur laquelle les opinions sont partagées, mais sur l'issue finale de laquelle il ne peut y avoir qu'un jugement, si l'on se place au point de vue de notre pays.

En mars 1702, l'armée suédoise entra en Pologne, et arriva rapidement au cœur du pays.

Varsovie fut prise sans résistance.

L'Assemblée fut poursuivie et dispersée par les Suédois.

Le roi Auguste s'enfuit vers le sud.

A Klessow, où il trouva enfin assez de cœur pour tenir bon, il fut complètement battu, obligé de fuir jusqu'à Sandomir, et de là dans la forteresse de Thorn, où s'étaient reformées une partie de ses fidèles troupes saxonnes.

Les portes de Cracovie s'ouvrirent d'elles-mêmes devant le roi de Suède, qui, dès lors, se trouvait maître des deux capitales, pendant que ses armées occupaient le reste du pays.

Mais nous serions entraînés trop loin, si nous entreprenions de suivre pas à pas les armées suédoises.

Partout elles furent victorieuses, et des noms comme ceux de Frauenstadt, Punitz et Pultusk ne seront jamais oubliés.

La campagne se réduisit en réalité soit à la poursuite rapide et fatigante de troupes en retraite, ou de chefs de partis, soit à des sièges monotones de places fortes encore aux mains d'Auguste.

Ce genre de guerre ne paraît donc pas révéler des conceptions bien profondes, mais il faut se rappeler que les manœuvres étaient souvent stratégiques, déterminées par des considérations toutes politiques, et que, pendant toute leur durée, des négociations diplomatiques suivaient leur cours au quartier général suédois.

Bref, après bien des hésitations, bien des préliminaires, le roi Auguste, en février 1704, fut déclaré déchu de la couronne de

Pologne, à un congrès convoqué par le cardinal primat de Varsovie.

Le but principal de Charles était donc atteint, et la question qui se posait maintenant était celle du choix d'un successeur qui remplît toutes les conditions.

Il décida de choisir un Polonais, — c'était là une décision très sage — car si jamais on pouvait faire de la Pologne une Puissance très forte et amicale, — ce qui était conforme à ses plus grands intérêts aussi bien qu'aux nôtres, — le sceptre de ce pays ne devait pas être placé entre les mains d'un prince régnant étranger, qui aurait brigué cette distinction pour travailler à son propre agrandissement, mais entre celles d'un homme qui penserait et agirait en Polonais.

Le premier choix de Charles fut, d'ailleurs, très heureux.

Il existait un nom qui excitait dans le cœur de tous les Polonais un enthousiasme comparable à celui qu'éveille la pensée du grand Napoléon chez les Français de nos jours : c'était le nom de Sobieski.

Le roi Jean Sobieski, celui qui avait sauvé

Vienne de l'épée des infidèles, celui qui avait été, en même temps, le plus remarquable des hommes d'État de Pologne, avait trois fils.

L'aîné d'entre eux, Jacob, attira bientôt l'attention de Charles, et il eût été vraiment capable de ramener l'union parmi les factions.

Il fut rappelé au quartier général de l'exil auquel lui et ses frères avaient été condamnés par Auguste, mais pendant qu'il traversait la Silésie, qui était pourtant un territoire neutre, Auguste le fit arrêter et emprisonner, avec son frère Constantin.

Le projet de Charles était donc anéanti, et après mûre réflexion, il se décida à présenter la candidature à la royauté de la noble famille de Leczinski, dans la personne de Stanislas Leczinski.

Ce noble était un homme juste, désintéressé, de caractère doux qui, par la suite, pendant la période paisible de son règne, fit preuve de son aptitude au gouvernement, mais il lui manquait cette force, cette trempe de caractère, cette résolution, cette confiance

en soi qui étaient indispensables pour conquérir l'influence morale et l'ascendant que
comportait sa tâche.

Il fut élu roi à la Diète de Varsovie, le
2 juillet 1704, mais ce ne fut qu'à la fin d'une
séance orageuse, et l'élection fut bien loin de
réunir tous les suffrages.

Ainsi de violentes protestations de la part
d'un congrès adverse, le mécontentement
causé par les taxes de guerre que levaient
les troupes suédoise, et de plus les promesses
fallacieuses d'Auguste, et les discussions de
la noblesse du pays, tout cela concourut à
ajourner longtemps la réalisation de ce que
Charles désirait avec tant d'ardeur.

Mais les événements exercèrent bientôt
une pression irrésistible.

Le roi Auguste fut définitivement battu à
Pultusk.

Il errait de place en place comme un
homme pourchassé, pendant que le petit-fils
de Charles X était au cœur du pays conquis,
avec toute son armée entourée du prestige
de la victoire, et gardait toute sa noble sim-
plicité de caractère.

Une grande partie de la nation polonaise, avec son imagination si vive, fut animée, par ce tableau, d'un enthousiasme irrésistible, et la mémoire du roi-héros de Suède vit encore de nos jours parmi elle.

Cette sympathie pour notre héros fit donner la couronne à son *protégé*, mais elle ne pouvait la lui conserver longtemps.

On peut dire, en somme, que Stanislas ne fut jamais roi *de facto*, car quelques années plus tard, lorsqu'il devint nécessaire de retirer de la Pologne les troupes suédoises, il n'osa pas rester, et quitta son royaume à leur suite pour chercher un abri au milieu d'elles.

Pendant que Charles occupait la Pologne avec le gros de son armée, des événements importants se passaient sur notre frontière orientale.

Le tsar avait commencé à assaillir d'attaques impétueuses et cruelles les possessions suédoises qui avoisinaient le golfe de Finlande.

Elles n'étaient défendues que par quelques compagnies et quelques garnisons éparses sur toute l'étendue du pays ; et le géant russe, brûlant du désir d'allonger ses deux pieds jusqu'à la Baltique, écrasait de son seul poids toute résistance.

Charles seul était capable d'arrêter la marche en avant de ces hordes, mais il était bien loin de là, sur les rives de la Vistule.

L'une après l'autre, les villes fortifiées de l'Ingermannie, de l'Esthonie, de la Livonie capitulèrent, et Saint-Pétersbourg, aujourd'hui capitale de l'empire russe, s'éleva sur les ruines d'une forteresse suédoise.

On a souvent dit, on a souvent écrit « qu'un besoin irrésistible, impérieux, une nécessité absolue, d'avoir la respiration libre avaient forcé la Russie à s'étendre jusqu'aux rivages finlandais, que la Suède, quoi qu'il arrivât, tôt ou tard serait obligée de se replier devant cette force comme devant une force de la nature, et par conséquent irrésistible ».

Il y a un grain de vérité dans cette manière de voir.

Depuis un temps immémorial, le flot des nations a marché de l'Est à l'Ouest, et il est même douteux qu'aujourd'hui il se soit arrêté.

La découverte du Nouveau-Monde et les débuts de colonisation dans le vaste continent de l'Amérique du Nord eurent lieu à une époque où l'immigration historique des races d'Asie en Europe avait paru toucher à sa fin.

Cela favorisa sa continuation.

Bien des événements accomplis ou en voie d'accomplissement peuvent s'expliquer ainsi, peut-être, mais quoique l'homme soit hors d'état d'arrêter la marche de l'histoire et le progrès général de sa propre race, quiconque prétend au titre d'homme d'État, a pour devoir non seulement de nier, mais encore de repousser *unguibus et rostro* tout ce qui menace son pays.

C'est un devoir sur l'autel duquel il pourra être sacrifié, mais connaître ce devoir et l'accomplir, c'est justement là ce qui le distingue de la grande masse toujours docile aux enchantements de l'heure présente, toujours rangée derrière la bannière multicolore du hasard, et prête à la suivre n'importe où. On

voit, sans qu'il soit nécessaire d'insister, en
quoi ce principe s'applique à Charles XII et
à son action.

Il n'en faut que regretter davantage l'erreur qu'il commit en n'accordant qu'une importance secondaire au théâtre de la guerre
dans le Nord, alors qu'il était certainement
encore temps d'arrêter pour une longue période, à l'avenir, l'expansion que prit la Russie à nos dépens.

Ce ne fut qu'au cœur de ses Etats héréditaires que le roi Auguste put être forcé à renoncer au trône et à conclure la paix. La
France, anxieuse de détourner une attaque
qui menaçait ses frontières, avait depuis
bien longtemps insisté sur une invasion en
Saxe.

Mais le roi avait différé de jour en jour,
s'occupant à d'aventureux exploits, les va-
riant par des sièges prolongés et souvent
conduits avec maladresse.

Peut-être se proposait-il d'affermir davantage Stanislas sur le trône de Pologne, avant
d'en partir; peut-être aussi désirait-il donner
à l'univers une preuve éclatante que son atta-

que était dirigée uniquement contre le perfide
violateur de la paix, et nullement contre les
possessions que celui-ci avait en Allemagne.

La conduite remarquable, que Charles tint
à la cour de Saxe, favorise cette supposition.

Sans doute, lorsqu'enfin il envahit la Saxe,
il donna des ordres rigoureux relativement
aux contributions que la Saxe devait payer
pour avoir participé traîtreusement à une
longue guerre, mais il ne tarda pas à les
révoquer et en donna un nouveau, où la sévérité des lois n'est dirigée que contre ses
propres soldats, pour punir les violences et
le pillage.

Il ne rencontra dans sa marche aucune
opposition sérieuse, et l'avant-garde de son
armée était tout près de Leipzig, quand
Charles reçut, au château d'Alt-Ranstadt,
les propositions de paix de l'Électeur.

Là aussi se rendirent en grand nombre les
plénipotentiaires de l'Étranger. De ce nombre étaient quelques-uns des plus grands
hommes d'État et généraux de l'Europe, la
plupart des Électeurs allemands, qui tous
venaient rendre hommage au Lion du Nord.

Ce n'est point tomber dans l'adulation que de dire que sur chacun le jeune héros de vingt-cinq ans fit une impression durable par ses manières modestes et la fermeté de son caractère (1).

La renommée de Charles XII était alors à son zénith.

Des centaines, des milliers de gens se rassemblaient aux environs de son quartier général, dans le seul but de le voir en passant.

Il était abordable à tous. Il écoutait tous les conseils, mais il se montrait inaccessible à toutes les insinuations mensongères, impénétrable à toutes les caresses.

Devant une seule personne, Charles recula.

C'était la charmante Aurore de Kœnigsmark, bien connue pour ses *affaires d'amour*, et qui vint, envoyée par Auguste, dans le but de sauver le trône de son royal protecteur.

A vrai dire, les conditions de paix offertes à Alt-Ranstadt, aussi bien que les événe-

---

(1) Voir appendice n° 1.

ments qui s'y rapportent, nous rappellent par plus d'un point Travendal.

La capitale de l'ennemi était exposée sans défense aux régiments victorieux de Charles, mais il ne les y fit pas entrer.

Peut-être craignait-il qu'elle ne fût une Capoue pour ses guerriers.

Quant à lui, il ne demandait aucun accroissement de territoire, aucune compensation matérielle, excepté l'entretien de ses troupes.

On peut trouver qu'il poussait trop loin l'esprit chevaleresque, mais, quoi qu'il en soit, on ne peut qualifier sa conduite d'un autre terme.

Les conditions auxquelles Auguste fut invité à souscrire étaient celles-ci : la reconnaissance de Stanislas, le rappel de toutes les troupes qui servaient comme auxiliaires dans l'armée russe, la promesse de garantir perpétuellement la liberté religieuse à tous les Luthériens en Saxe, la liberté des princes Sobieski, la remise à Charles XII de tous les déserteurs suédois, et particulièrement de l'un d'eux, le malheureux Patkull.

D'autre part, Auguste devait conserver le titre de roi, et Charles s'engageait à l'aider à défendre ses états héréditaires et à obtenir du tsar des conditions favorables de paix.

Il eût été fort heureux pour le vaincu qu'il eût su apprécier combien étaient raisonnables les demandes de Charles, et qu'il eût tenu fidèlement ses engagements, en comprenant combien ils lui étaient avantageux.

Mais bien que Charles, en concluant la paix, ensevelît dans l'oubli les torts du passé, et lui montrât la plus sincère amitié, Auguste ne rêvait que revanche et perfidie.

On dit même qu'il essaya de se débarrasser de son hôte confiant par un assassinat.

Heureusement ce projet échoua, si tant est qu'il eût été formé.

Nous sommes obligés de rapporter, à propos de cette période de la vie de Charles, le fait regrettable de la mise en jugement et de la punition de Patkull.

Il faut reconnaître qu'on ne saurait lire cette page de l'histoire de Charles avec satisfaction.

Toutefois nous ne devons jamais oublier

combien les idées de cette époque différaient des nôtres, et nous savons que l'homme ainsi puni, était non-seulement un traître envers sa patrie, mais encore un des ennemis les plus dangereux et les plus audacieux du pays qui l'avait vu naître et de l'autorité à laquelle il devait obéissance.

Néanmoins, s'il y a quelqu'un de blâmable dans cela, c'est la conduite d'Auguste qui doit être stigmatisée, plutôt que celle de Charles, car le premier, en vue de gagner les bonnes grâces de son vainqueur, fit arrêter Patkull, bien que celui-ci remplît les fonctions d'envoyé du tsar à la cour de Saxe, et qu'il y fût traité avec la plus grande distinction.

Mais détournons nos yeux de cet échafaud pour les reporter sur des scènes plus agréables. Il faut mentionner, en premier lieu, l'enthousiasme énorme avec lequel Charles et ses Suédois, furent salués par les protestants de Saxe et de Silésie, dont ils venaient défendre les intérêts.

Lorsque l'armée, après une inaction de plus d'un an, quitta ses cantonnements, dans le premier de ces pays, les régiments furent accompagnés pendant plusieurs milles par la population, qui manifesta, de la manière la plus expressive, son chagrin du départ de ces soldats pleins de bonhomie et d'honnêteté, parmi lesquels elle avait trouvé des auxiliaires expérimentés et empressés dans les multiples travaux des champs.

En Silésie, de même, les habitants témoignèrent de la joie et de la reconnaissance, car grâce à l'attitude résolue, et même menaçante, qu'il prit à l'égard de la cour de Vienne, Charles avait réussi à obtenir pour cette province une complète liberté religieuse.

Et pendant la marche, lorsque les Suédois s'arrêtaient pour les cérémonies du culte, que le roi, les maréchaux, les officiers et les hommes s'agenouillaient humblement devant Dieu, des milliers et des milliers de voix, auxquelles la tyrannie avait imposé un long silence, se joignaient à leur prière, des milliers et des milliers de mains s'élevaient librement vers le ciel pour y porter l'éloge du noble roi de Suède et de sa race.

Les enfants mêmes priaient en joignant leurs petites mains, et on peut aisément concevoir, comme le dit un historien de talent, ce que devait être le héros vers lequel étaient dirigés les yeux en larmes d'un peuple, pendant le culte, lorsque soldats et paysans chantaient ensemble les mêmes vieux psaumes !

Des instants comme ceux-là nous remettent en mémoire le grand Gustave, le champion de la foi protestante, et on doit les compter parmi les plus beaux de la vie de Charles.

L'armée, avec laquelle le roi se mit enfin en campagne contre son ennemi le plus dangereux, comptait environ 44,000 hommes, les mieux équipés qu'il eût eus jusqu'alors, pour commencer ses opérations.

Non seulement les officiers, mais encore les simples soldats avaient mis de côté beaucoup d'argent. Les régiments possédaient des caisses fort bien garnies. Quelques-uns même avaient jusqu'à dix mille livres en argent monnayé.

Mais, sous d'autres rapports, cette armée avait subi des pertes irréparables.

Un certain nombre de vieux soldats en-
durcis au feu et beaucoup d'officiers non
commissionnés avaient obtenu des congés,
et les vides étaient mal remplis par des
recrues jeunes et sans expérience.

Parmi les officiers supérieurs, plusieurs
des plus distingués, des anciens amis du roi,
comme Arvid Horn, Magnus Stenbock,
Niéroth, Liewen, et d'autres, étaient retour-
nés en Suède pour y remplir les fonctions de
conseillers d'État ou occuper d'autres em-
plois importants.

Ainsi, le nombre des généraux éprouvés
avait diminué, en même temps que s'étaient
éclaircis les rangs des vieilles troupes d'élite.

Il ne restait plus des officiers généraux,
que le felt-maréchal Rhenköld, dont l'influence se faisait d'autant plus sentir qu'elle
ne rencontrait aucune opposition.

Le comte Piper lui-même, qui était le plus
intime des confidents du roi, fut supplanté.

Il surgit, certes, à côté de Rhenköld, plusieurs jeunes favoris, par exemple les majors
généraux Lagercrona et Axel Sparre, mais,
malgré leur bravoure, ces hommes dépour-

vus d'expérience ne pouvaient exercer une influence réelle sur la conduite de la guerre.

Parfois même, il faut le dire, leur influence fut malheureuse.

La campagne, qui commença alors en Orient, ne fut point remarquable par la rapidité de l'action.

Vers la fin de l'année 1707, le roi quitta la Pologne et Stanislas ; il ne revit jamais la première. Quant au second, il ne le vit jamais plus que dans la situation d'un réfugié sur la terre étrangère.

Le général Crassow, avec 8,000 hommes, des recrues pour la plupart, fut chargé de la garde du roi de Pologne, qui bientôt n'eut qu'eux pour défendre loyalement son trône.

Enfin, Charles se décida à se mettre en marche contre le tsar, avec le corps principal qui ne comptait pas plus de 33 ou 34,000 hommes.

Le général Ludwig Lewenhaupt, qui avait défendu la Livonie et la Courlande avec distinction pendant la campagne précédente devait quitter le Nord pour amener au roi toutes les troupes dont il pouvait disposer.

Ces forces réunies étaient regardées comme la plus petite armée avec laquelle on pût tenter une invasion de la Russie.

Le tsar, qui était en Lithuanie, prenait si peu de précautions, qu'il faillit être fait prisonnier à Grödno, et ne s'échappa qu'en sacrifiant son arrière-garde.

Le dépit, que cela lui causa, dut le confirmer dans sa résolution d'éviter désormais toute bataille rangée, et pour en tenir lieu, de dévaster sans merci le pays qui le séparait des Suédois pendant sa retraite.

Charles, accoutumé à un genre de bataille tout différent et plus chevaleresque, pouvait à peine maîtriser son impatience.

Alors, comme toujours, il donna à ses soldats l'exemple du courage et de l'abnégation, mais de même que toute l'armée, il reconnut de jour en jour, qu'on s'attaquait à un ennemi plus dangereux.

Un moment nouveau et décisif pour l'histoire de Suède s'approchait.

L'année précédente, l'armée avait été mise en quartiers d'hiver dans des conditions très défavorables, aux environs de Minsk, avec le quartier général à Rodoscowicz.

Le printemps de 1708 débuta par de grandes chaleurs, qui causèrent parmi les troupes des ravages inquiétants.

Rester là était impossible, battre en retraite n'était guère compatible avec le caractère de Charles, et à vrai dire, avec le caractère de n'importe qui.

« En avant, » telle était la devise, mais dans quelle direction ?

Trois routes se présentaient au choix.

Celle du nord, qui avait pour objectif Saint-Pétersbourg, passait par les cantonnements de Lewenhaupt, *via* Pleskow et Novgorod ; de là, Charles pouvait aisément donner la main à la division de Lybecker, qui était en état d'attaquer par le nord la nouvelle ville du tsar.

La route de l'est, qui avait Moscou pour objectif, traversait d'immenses marais et la Podolie, complètement ravagée, *via* Smolensk. Ce fut la route que choisit un siècle plus tard, Napoléon.

Quant à la troisième route, celle du sud,

qui aurait eu également pour objectif final Moscou, Charles ne parut guère y songer au premier abord.

Ses premières lignes de marche nous permettent d'affirmer cela avec certitude ; d'autant que, lors d'une entrevue qu'il avait eue avec Lewenhaupt au printemps, il avait donné des ordres pour la jonction des deux armées.

Ce fut Mazeppa, l'hetman des Cosaques, qui présenta l'attrayante perspective d'avoir pour auxiliaires des tribus puissantes, libres et guerrières, qui suggéra la tentation si forte pour des troupes affamées, de faire la guerre dans un pays riche, et qui, ainsi, donna à Charles XII l'idée de prendre cette direction.

Quelle cause jeta dans le plateau de la balance l'épée de Brennus, dirigée par le destin ?

A cette question, il n'est pas aisé de répondre, mais on peut affirmer de la manière la plus énergique, que Charles ne mérita pas toute la sévérité des critiques dont on l'a accablé.

Souvenons-nous, tout d'abord, qu'à cette époque, il n'avait de choix qu'entre des maux.

Quelque parti qu'il prît, il allait nécessairement au-devant d'un danger.

Huit années, fécondes en événements, s'étaient écoulées depuis la bataille de Narva.

L'occasion favorable pour contraindre la Russie à conclure immédiatement la paix, avait été perdue pour toujours.

Les plans de l'autocrate russe s'étaient mûris. Ses troupes s'étaient formées et aguerries par six campagnes contre des armées plus braves que nombreuses.

Enfin, Charles se trouva loin de sa première base d'opérations, alors que dans son armée, bon nombre d'hommes commençaient à se lasser de guerres et de privations sans fin.

Beaucoup de critiques soutiennent qu'il aurait fallu ramener l'armée à son point de départ en Livonie, et diriger la campagne tout droit contre Saint-Pétersbourg.

L'on aurait été alors protégé sur l'aile gauche par le golfe de Finlande.

Mais la marche le long de la côté était, d'une part, longue et risquée, avec l'ennemi tout près, sur le flanc droit, à travers des pays appauvris par la guerre ; et, d'autre part, les forteresses sur lesquelles l'armée pouvait s'appuyer étaient déjà entre les mains de l'ennemi ou assiégées de très près.

D'autres blâment Charles de n'avoir pas pris directement la route de Moscou.

Mais ces critiques oublient l'énorme difficulté qu'on aurait éprouvée à marcher dans l'eau, pendant les inondations du printemps.

Il eût fallu franchir de larges cours d'eau, et d'interminables marais, tâche pénible pour une armée obligée de traîner avec elle tout le matériel nécessaire, pendant une longue marche à travers des régions dévastées.

Très peu d'auteurs ont approuvé la marche vers le sud, vers l'Ukraine.

Cette décision fatale se justifiait néanmoins par quelques motifs plausibles.

Charles avait fini par se convaincre qu'il lui était impossible, *à lui seul*, d'arracher la paix si désirée à un voisin dont il ne pouvait écraser la puissance.

Il avait besoin d'alliés.

Aussi l'offre de Mazeppa lui parut-elle bienvenue.

Des raisons politiques le décidèrent à accepter.

Mais à partir de ce moment il n'eut plus la liberté de ses mouvements stratégiques.

La fatalité montrait d'une main infaillible ces steppes qui devaient être le tombeau de sa gloire.

Ce ne fut pas sans hésiter que Charles obéit à ses exigences ; mais sa résolution, une fois prise, il la mit à exécution avec une rapidité qui eût été bien plus opportune au début de la campagne.

Lewenhaupt reçut l'ordre de rejoindre le gros de l'armée.

Il était tout près, mais il paraît que cet ordre ne lui parvint pas en temps utile, et on l'a imputé à la jalousie de Rhenköld.

Le roi n'attendit que trois jours, et commença alors sa marche vers le sud.

Il se mit donc en route sans avoir les renforts qui étaient si nécessaires, et cela fut la source de grands revers.

Pendant la marche vers Mohilew et l'U-kraine, la victoire couronna parfois les armes suédoises.

La bataille de Holofzim est mémorable entre toutes, tant par le talent tactique que par le courage qui y furent déployés.

Leur action combinée arracha la victoire à un ennemi supérieur en nombre, et qui avait, en outre, l'avantage de la position.

La charge de la cavalerie, à Malatitza, fut aussi brillante, aussi efficace que sanglante.

Néanmoins, l'ennemi continuait à reculer en pillant le pays.

Les Suédois commençaient à se fatiguer et à souffrir de la faim.

Tout d'abord leur courage fut soutenu par l'espoir d'une jonction avec Lewenhaupt et Mazeppa, mais hélas! ils étaient condamnés à une déception.

Lewenhaupt, dont la marche était entravée par les lourds convois d'approvisionne-ments qu'il amenait, fut attaqué par le tsar avec des forces supérieures qui s'interpo-saient entre les armées suédoises, et bien qu'il sauvât l'honneur, il fut forcé de sacrifier ces précieux approvisionnements, de sorte que, quand il parvint à rejoindre le roi, il fut pour lui plutôt un embarras nouveau qu'un auxiliaire utile.

Quant aux magnifiques promesses de Mazeppa, elles se dissipèrent d'autant plus complètement qu'on approcha davantage du but.

Les riches et fertiles provinces avaient été ravagées par les Russes.

La plus grande partie de ses Cosaques hésita au moment décisif, et même la promesse, bien de fois prodiguée, d'une alliance avec les Tartares de Crimée n'aboutit à rien.

Un destin impitoyable semblait entourer de ses liens de fer de plus en plus serrés Charles et ses Suédois.

Un hiver d'une certaine rigueur fit périr des milliers d'hommes. Il fut suivi d'un printemps qui amena de vastes inondations, pendant que des maladies contagieuses décimaient les régiments, déjà affaiblis par les guerres incessantes.

L'hésitation, la discorde et l'intrigue régnaient à l'état-major.

Entourée de tous côtés par des corps ennemis qui la pressaient de plus en plus près, l'armée s'avançait au milieu de difficultés croissantes.

Elle approcha de Pultawa, et en commença bientôt le siège.

Les Russes y avaient réuni de grands approvisionnements, dont Charles comptait s'emparer bientôt, car la ville était mal fortifiée.

Mais, d'autre part, la garnison était aussi nombreuse que l'armée suédoise, et avait à sa tête un commandant brave.

En outre, le tsar avait amené aux environs des fortifications toutes les troupes dont il disposait, en vue de livrer une bataille décisive.

Peut-être eût-il été déçu dans ses espérances, si un hasard malheureux, un coup de feu reçu dans le pied, n'avait pas diminué les forces physiques de Charles, ce qui le contraignit à laisser pour la première fois à d'autres mains le commandement sur le champ de bataille.

Ce fut le felt maréchal Rhenköld qui

commanda l'armée à Pultawa, où il reçut le
le choc de l'attaque russe, le 9 juillet 1709.

Sa conduite, tant avant que pendant le combat, laissa voir quelque irrésolution, ce qui
fut la cause de la défaite. La cohésion manquait dans les préparatifs, et les plans
n'avaient pas de clarté.

Lewenhaupt, qui commandait l'infanterie
ne reçut pas d'ordres assez précis, et un peu
plus tard, il ne fut pas soutenu.

Une grande partie de la cavalerie n'agit
point aux endroits prescrits. On dit même
que plusieurs régiments errèrent à l'aven-
ture.

L'artillerie ne prit aucune part à l'action,
faute de munitions, affirme-t-on.

Au moment où notre infanterie après une
vive lutte, avait réussi à forcer, par un assaut
le camp russe, le tsar commença une attaque avec des forces triples, soutenues par la
garnison de Pultawa, ce qui décida de la
journée, malgré la grande bravoure des Suédois.

Rhenköld perdit la tête, jura, donna des
ordres, des contre-ordres, et finit par se lancer

follement à cheval contre les lignes ennemies, où il fut fait prisonnier.

La plupart des généraux qui restaient perdirent aussitôt la tête complètement.

Lewenhaupt, accoutumé à commander en toute indépendance, maintint aussi bon ordre que possible parmi ses hommes, bien qu'il fût moins qu'aucun autre au fait du plan, bien qu'il n'eût pas reçu des instructions claires.

Le souvenir de Pultawa est un souvenir mélancolique, mais non point déshonorant, bien loin de là, car nos soldats se conduisirent, ce jour-là, comme de véritables héros qui se sacrifièrent avec une tragique et imposante majesté.

Mais ils ne se battirent point avec leur confiance accoutumée.

Ils n'avaient point à leur tête Charles en personne.

Il faillit, lui-même, plusieurs fois être fait prisonnier, pendant cette folle bataille, se précipitant au plus fort du combat, partout où la fortune semblait abandonner ses armes, bravant la mort.

Enfin, il rallia les restes de son armée
battue et commença la retraite dans la direction du Dnieper.

Les blessures, l'épuisement, le chagrin,
affaiblirent sa vigueur d'esprit et de corps, au
point qu'il ne se rendit pas compte des dangers qu'offrait cette ligne de retraite, et qu'il
ne prit même aucune disposition pour passer
ce large fleuve.

En conséquence, la capitulation de Pere-
wolotchna, qui livra aux Russes la plus
fameuse des armées si renommées de la
Suède, fut due plutôt à la maladie du roi et
au découragement général qu'à la défaite.

Ce désespoir était si profond, que des soldats expérimentés virent, seulement quand
il était trop tard, combien les Russes qui les
poursuivaient étaient peu en état de recommencer la bataille.

Le tsar, avec une prudence dont il faut le
louer, sut cacher aux négociateurs suédois le
véritable état de son armée, et ceux qui le
virent furent arrêtés.

Lewenhaupt, lui-même, perdit toute son
énergie d'action.

6

Il convoqua un conseil de guerre, et au lieu de commander les troupes, il leur demanda leur avis, ce qui ne fit qu'ajouter au découragement général.

Peut-être les choses eussent-elles changé sous l'intrépide Rhenköld, mais, hélas! il était absent, et le destin de la malheureuse armée fut décidé.

Charles eut toutes les peines du monde à éviter d'être fait prisonnier.

Il ne se décida qu'avec répugnance à quitter son quartier général avant la capitulation.

Il parvint au moyen de quelques poutres de chêne, à gagner la rive opposée du Dnieper, avec quelques officiers et soldats de sa garde, et à s'échapper à travers les steppes, après bien des péripéties.

Ce fut en réfugié, que le roi héros, devant lequel les grands de l'Europe s'étaient inclinés tout récemment avec crainte et admiration, mit le pied sur le sol turc.

Est-il un exemple plus frappant de l'instabilité qui menace la grandeur et les succès de l'homme ?

Mais il est une sorte de grandeur qui ne brille que davantage dans les épreuves, alors que tout est perdu, et que tous désespèrent.

Cette grandeur, Charles la possédait, et elle l'élevait au-dessus de ses contemporains.

Les dépêches qu'il envoya en Suède, à la régence, donnent la preuve la plus frappante de sa fermeté de caractère.

Elles ne laissaient paraître aucune trace de désespoir ou de crainte.

« Les pertes sont grandes, sans doute, mais l'ennemi n'aura point le dessus ni le moindre avantage, » disait-il.

« Il faut seulement que nous ne perdions pas courage, et que nous ne laissions pas la tâche inachevée, » ajoute-t-il, comme s'il prévoyait les sentiments que produirait la nouvelle de sa défaite.

Quant à sa dangereuse blessure, il en parle dans sa lettre à sa sœur Ulrique Eléonore, comme *d'un petit compliment qu'on a fait à son pied*.

Un homme, qui aurait perdu toute confiance en son heureuse étoile, n'aurait jamais tenu le langage qu'employait un fugitif

blessé et presque solitaire sur la terre étrangère.

Un homme, dont la volonté et la force eussent été brisées, n'aurait pu être capable de se
créer, en cette terre étrangère, et de se conserver une position et une influence comme
celles que Charles XII s'acquit chez les
Turcs.

L'histoire n'en offre guère un autre
exemple.

VI

La redoutable armée de Charles était
anéantie, et pourtant la Suède continua pendant quelque temps à exercer une si grande
influence politique, et à inspirer tant de
crainte que, en 1709, quand le général
Crassow revint en Poméranie avec sa petite
troupe, il n'en fallut pas davantage pour
empêcher, pendant un certain temps, toutes
les attaques contre les provinces allemandes
de la Suède.

A cette époque, les rois de Saxe et de Danemark n'hésitèrent pas à rompre les traités
qu'ils avaient récemment conclus, montrant
ainsi combien ils étaient indignes de la générosité de Charles.

Pour Auguste, il lui fut fort aisé de renverser Stanislas, qui fut abandonné par l'inconstante noblesse polonaise.

Mais quand le Danemark tenta de prendre sa revanche du débarquement de Humleback, il éprouva que la Suède possédait encore de la vitalité, son peuple du patriotisme, et ses généraux de l'habileté.

La postérité se rappellera avec reconnaissance le nom de Magnus Stenbock.

Il tira bon parti des soldats en congé et de l'organisation de l'armée permanente, et cet homme remarquable créa, en très peu de temps, avec de telles ressources, une force militaire très respectable.

Depuis la mémorable journée du 28 février à Helsingborg, jamais un soldat ennemi n'a mis le pied sur le territoire de la Suède.

On a généralement jugé d'une manière défavorable, le séjour de Charles XII en Turquie, et on y a vu la manifestation d'un caractère entier, ou même d'une folle politique.

C'était évidemment une situation déplorable et pleine de dangers pour un pays soumis à un pouvoir absolu, que l'absence

de son chef, mais n'y a-t-il rien qui puisse
nous permettre de supposer qu'il y avait une
profonde conception politique dissimulée
derrière ces cinq ans de séjour?

Les intérêts véritables de la Turquie étaient
identiques à ceux de la Suède, au regard de la
Russie, dont l'agrandissement était un péril
pour toutes deux, mais par malheur à cette
époque-là, comme plus tard, notre alliance
avec la Turquie fut accompagnée d'une circonstance des plus fâcheuses.

Une seule des deux puissances tira l'épée,
tandis que l'autre, après une guerre longue,
irrégulière, où elle ne reçut aucun soutien,
dut remettre au fourreau son épée ébré-
chée.

Peu de temps avant le début de la grande
guerre du Nord, le sultan avait fait la paix
avec la Russie.

Maintenant, après avoir laissé Charles lutter seul contre le géant pendant près de dix
ans, et alors qu'on n'avait plus à compter sur
l'aide puissante de la Turquie, celle-ci se préparait une fois encore à faire la guerre, et la
fit en effet après un an d'hésitation.

Malheureusement cette guerre fut menée avec la plus grande mollesse.

Elle était déjà terminée par une paix nouvelle, avant que Magnus Stenbock, dont l'armée se préparait à tendre, à travers la Pologne, une main secourable à Charles XII, eût débarqué sur les côtes d'Allemagne.

Une seule fois, le tsar faillit se voir anéantir, lorsque, sur les bords du Pruth, entouré de l'armée turque, supérieure en nombre, il crut n'avoir d'autre alternative que la captivité ou la mort.

Les œuvres du Destin sont impénétrables.

Sa délivrance fut l'œuvre de l'astuce d'une *femme*, et cette femme, à ce qu'on dit, était la fille d'un *soldat suédois*. Le tsar avait élevé cette femme à la dignité d'épouse ! Au moyen de ses bijoux, elle corrompit un grand vizir achetable à prix d'or et le tsar obtint de s'échapper librement.

Charles arriva trop tard dans le camp turc, d'où il semble que l'eussent écarté des scrupules religieux, et si le sultan exila son perfide général, cela n'arrangea point les affaires.

Ce qui avait été fait ne pouvait se défaire.

Ce n'est pas non plus par la faute de Charles que l'aide promise une seconde fois par les Tartares de Crimée lui manqua. Ce fut grâce à l'influence de l'or russe.

Le temps se passa en négociations futiles.

L'espoir s'évanouit.

L'amitié du sultan se refroidit au même degré que s'exaltait l'admiration inspirée par la personnalité de Charles aux sectateurs de l'Islam, et finalement l'hôte malencontreux se vit mis en demeure, par des procédés fort intelligibles, d'avoir à quitter le pays,

Lorsqu'il s'y refusa, alléguant qu'on n'avait point observé les conditions qu'on lui avait promises, une querelle ouverte faillit éclater, et alors eut lieu ce qu'on nomme le Kalabalik de Bender.

Les Janissaires et les Tartares n'attaquèrent qu'avec répugnance le roi de Suède, et ils épargnèrent sa vie dans le combat.

Quoique ces considérations ne diminuent en rien la gloire de cet exploit, elles permettent d'expliquer comment le roi put se défendre pendant tout un jour avec quelques officiers et des recrues, dans la bicoque qu'il habitait, contre 14.000 hommes et 40 canons.

A la fin, les flammes l'obligèrent à en déloger.

A peine arrivé dans la cour, il fut enveloppé par une masse énorme d'ennemis, et fait prisonnier.

Mais alors qu'on le transportait de son quartier général en flammes à Demotica, l'influence personnelle qu'il exerçait était si grande encore qu'elle faillit déterminer en sa faveur, à Constantinople, une révolution au palais, et le sultan, pour calmer l'excitation générale, se vit obligé de désavouer et d'éloigner le khan des Tartares.

Il s'en fallut d'un rien que la guerre ne fût déclarée à la Russie, et si Charles avait pris sur lui de vaincre ses scrupules religieux, pour accepter le commandement, le cours des événements eût été bien différent.

Néanmoins, l'influence de la Russie et les concessions de Pierre empêchèrent la rupture de la paix.

En somme, elle fut sur le point d'arriver, et nous avons le droit de nous demander :

« Après cela, quelles raisons restaient à Charles pour espérer de porter à son puissant ennemi des coups terribles, si ce n'était l'aide du sultan ? Son pays épuisé pouvait-il être mieux protégé que par une attaque faite par la Turquie ? »

Nous devons reconnaître que ce n'était point là un calcul erroné, mais que l'erreur essentielle, fatale se trouvait dans la Suède elle-même.

Charles oubliait, ou plutôt il ignorait que la Suède des Charles entrait dans le passé, et qu'il avait surgi un nouvel esprit qui lui était opposé.

Ce fut là le vrai pouvoir qui triompha de lui, qui ébranla l'unité dont était faite la force du pays, l'unité qui même alors eût pu lui faire trouver des alliés en Europe.

On ne saurait pourtant le nier : après l'année 1709, la situation générale, dans notre coin du monde, était bien loin d'être favorable pour la Suède.

La puissance de la France était brisée après la malheureuse guerre entreprise au sujet de la succession d'Espagne.

Tout ce qu'ambitionnait la Prusse, elle ne pouvait l'obtenir qu'au détriment de la Suède.

Le roi d'Angleterre, par ce fait qu'il était en même temps électeur de Hanovre, devenait le rival naturel d'un pays qui possédait des provinces autour de l'embouchure du Weser.

Quant à la Hollande, où le tsar s'était acquis une influence personnelle par la promesse de nouvelles faveurs commerciales, c'était un pays sur lequel on ne pouvait pas compter.

Ainsi, quand la Turquie l'eut abandonnée, la Suède se trouva dans un isolement complet, ne dut rien attendre que d'elle-même, et pour concentrer ses forces, il fallait que Charles revînt.

Pour le dire en passant, nous avons pour la plupart pris l'habitude de ne voir en ce monarque qu'un soldat.

Mais c'est ne voir là qu'un côté de sa personnalité.

Dès qu'avait cessé le tumulte des combats, soit en Livonie, soit en Saxe, soit en Turquie,

Charles s'appliquait avec une ardeur qu'on peut qualifier d'étonnante, à des questions qui concernaient l'administration intérieure de la Suède, en même temps qu'il témoignait le plus vif intérêt pour la civilisation et l'art du pays.

Aussi l'un des actes les plus remarquables qui aient été rédigés par Charles, c'est-à-dire le nouveau code de règlements pour la chancellerie suédoise, fut élaboré et signé en Turquie, et de la chancellerie improvisée qu'il avait auprès de lui, émanèrent aussi les ordonnances relatives à l'embellissement de Stockholm, à la reprise des travaux du nouveau palais, à l'encouragement de savants et à bien d'autres objets.

En même temps qu'il montrait sans cesse toute sa sollicitude pour le pays qu'il n'avait jamais vu depuis qu'il était homme fait, nous devons, malheureusement, ne pas omettre que depuis la défaite de Pultawa, il accorda de plus en plus sa confiance à des étrangers.

Ainsi un certain Fabricius, et un certain Müllern semblent avoir pris la place de Piper, qui était prisonnier en Russie.

Cette tendance continua à se manifester, même après le retour du roi en Suède.

A cette époque, Görtz si bien doué, si plein d'astuce, et en même temps si malheureux, était le plus en vue parmi les favoris étrangers du roi, mais il s'en trouvait plusieurs autres dans l'armée comme dans la chancellerie, et ils contribuèrent à élargir le fossé qui se creusa, peu à peu, entre le roi et son peuple.

Le retour du roi fut, enfin, déterminé à la suite du voyage que fit auprès de lui Stanislas pour lui apprendre son abdication volontaire et la capitulation de Stenbock à Tönningen, et enfin par la nouvelle inattendue de la convocation des États sans nouvelle ordonnance royale, ainsi que la nomination de la princesse Ulrique Éléonore au conseil d'État.

Il faut remonter dans les légendes d'autrefois pour trouver un autre exemple de la chevauchée que le roi accomplit à travers l'Europe avec un petit nombre de compagnons.

Évitant les routes les plus fréquentées et

les districts peuplés, pourchassé par des as-
sassins payés, souvent sans nourriture ni
abri, se reposant dans la profondeur des
forêts pendant les sombres et glaciales nuits
d'automne, mais ne perdant jamais courage,
ne se lassant jamais, même quand ses compagnons les plus ardents tombaient d'épuisement, il arrive comme par miracle, devant
les portes de la forteresse de Stralsund, pendant la nuit du 4 novembre 1714.

Un frisson de plaisir fit tressaillir tout le
pays à la nouvelle du retour inattendu du
roi.

Les mécontents eux-mêmes prirent part
aux réjouissances, soit par prudence, soit
par enthousiasme réel.

L'espoir une fois revenu montrait l'avenir
tout en rose.

Charles aussi arrivait plein de foi et d'espoir.

Mais des deux côtés, il ne tarda pas à
devenir manifeste qu'on s'était illusionné.

Le pays avait beaucoup souffert par suite
des guerres et plus encore par suite des dissensions intérieures.

La plus grande partie de la Finlande était
perdue après avoir été bravement défendue.

Les deux meilleures et plus fortes armées
du pays étaient prisonnières.

Aucun allié ne tendait une main secourable.

On appelait à grands cris la paix.

Un soupir silencieux, et néanmoins per-
ceptible, demandait la liberté.

Mais le roi avait l'oreille fermée à l'un
comme à l'autre désir ; là où tout était changé,
lui seul demeurait inflexible.

Alors, comme auparavant, il fallait dé-
trôner le roi Auguste, détruire Saint-Pétersbourg, diminuer le pouvoir du conseil d'État
et étouffer les aspirations à la liberté qui
s'étaient fait jour.

Mais Charles ne réussit point dans cette
dernière lutte contre les forces du siècle.

Cette lutte fut sa ruine.

Les Suédois, parmi lesquels il revenait,
n'étaient pas les mêmes que ceux qu'il avait
quittés.

Les hommes, en qui il avait mis sa confiance dans les jours plus heureux du passé,

avaient cessé de lui être fidèles, tandis que
le peuple, tout en idolâtrant sa personne, ne
consentait plus à approuver son système de
gouvernement, et c'était pour le maintenir
qu'il était souvent forcé de recourir à des instruments étrangers.

Il a été reconnu, par des preuves suffi-
santes, que tout ce que l'on a conté de la
détresse du pays pendant les dernières
années du règne de Charles était grandement exagéré ; mais le fait même de ces
plaintes est une preuve incontestable des
mauvaises dispositions qui se faisaient jour
contre le système de gouvernement du roi.

Dans de telles conditions, l'absolutisme
devenait un grand malheur.

S'il avait existé dans l'État un autre pouvoir à côté du roi, il en fût probablement
résulté la paix, et dès lors bon nombre des
calamités qui suivirent auraient sans con-
tredit été détournées.

Et vraiment, on eût pu obtenir la paix à
bon compte.

L'Esthonie et l'Ingermannie, ainsi que
Saint-Pétersbourg, avaient été conquis de-

puis longtemps, et il fallait matériellement en faire le sacrifice. De même pour Stettin et les parties adjacentes de la Poméranie.

Stralsund pouvait être conservé grâce à la paix, mais il ne fallait pas espérer de le sauver par les armes, bien que le roi en dirigeât personnellement la défense jusqu'à la fin.

On dut en venir à négocier la capitulation, et Charles qui, quatorze ans auparavant, s'était embarqué sur une flotte puissante pour voler de campagne en campagne, dut se frayer un passage sur un petit brick, au péril de sa vie, à travers d'énormes masses de glace (1).

L'empereur d'Allemagne, qui désirait négocier la paix, avait convoqué une diète générale à Brunswick.

Charles y fut invité en sa qualité de membre de la confédération germanique.

---

(1) Ce brick était sous le commandement du capitaine Christophers qui, pour son intrépidité en cette circonstance, fut anobli avec le titre d'Ankarcrona (l'ancre de la couronne). Le roi prit terre à Trelleborg, en Scanie, où un monument commémoratif marque l'emplacement de son débarquement.

Il s'excusa, d'une part, parce qu'il était
alors occupé de traiter d'une alliance avec la
France, qui lui avait fait de grandes promesses, mais qui était maintenant hors
d'état de le soutenir, et d'autre part, parce
que le roi Auguste était convoqué à la diète,
et que Charles ne voulait pas le voir produire
ses droits à la couronne.

Ainsi fut négligée cette nouvelle occasion
de conclure la paix.

Pour la seconde fois, le sort de la guerre
fut témérairement jeté dans la balance et le
parti des mécontents ne fut point diminué
dans le pays.

De même qu'à Narva, Charles avait évalué
au-dessous de leur valeur ses ennemis étrangers, de même il se trompa sur le pouvoir de
ses ennemis intérieurs.

Il faut, dans le premier comme dans le
second cas, en chercher l'explication dans le
caractère obstiné et entier que la nature et
l'éducation avaient développé dans ce prince
despotique.

Ces conséquences fatales furent d'autant
plus à déplorer qu'elles furent portées jusqu'à

l'extrême par la puissance, le génie et la force de son âme.

A l'appel de leur bien-aimé roi, les hommes vinrent avec empressement se ranger sous ses drapeaux, et sa troisième grande armée fut formée.

Le roi lui-même établit sa résidence à Lund.

Il ne retourna jamais à Stockholm.

L'opposition, qui avait choisi cette ville pour centre, semble l'en avoir écarté d'une main invisible.

Peut-être répugnait-il à sa noble nature de sévir, et préférait-il ajourner le règlement de comptes à des temps plus heureux, où l'on pourrait sans danger écouter la voix de la clémence.

Hélas ! les temps meilleurs qu'on attendait ne vinrent jamais.

Cependant la défense de la frontière orientale continuait d'être négligée, au grand avantage des projets de la Russie.

A Lund, le roi donna beaucoup de nouvelles preuves de l'intérêt qu'il portait aux arts de la paix et aux recherches scientifiques.

Il travailla assidument avec son nouveau ministre des finances, le baron Görtz.

Il employa son temps à améliorer les lois, et eut de fréquentes relations avec des savants illustres, Swedenborg, Polhehemm et d'autres.

Son séjour dans la nouvelle ville universitaire dut contribuer beaucoup à resserrer les liens entre les classes instruites de la Scanie et la couronne suédoise.

Les deux campagnes contre la Norvège furent marquées de ce même caractère d'intrépidité résolue qui distinguait tous les exploits des soldats de Charles, mais les succès furent minces en somme (1).

Le climat, la nature du pays, la rudesse des habitants et leur sentiment très fort d'indépendance, ainsi que l'inexpérience des troupes du roi, tout cela leur rendit la tâche extrêmement difficile et la victoire fut toujours payée cher.

----

(1) Appendice n° 2.

Parfois même, elle fut impossible.

Une fois, les Suédois parvinrent à dresser leurs tentes sur le mont Egeberg, d'où ils commandaient Christiania, et d'où ils lancèrent quelques bombes, par-dessus le fiord, dans le vieux fort d'Akershus.

C'était en 1714.

Mais le défaut de provisions ne tarda pas à les forcer à battre en retraite, et toute cette campagne se termina sans avoir atteint un but précis.

Pendant les dernières années de cette guerre de 1718, un nouveau plan fut adopté, qui aurait été d'une exécution plus longue, mais qui semblait plus propre à atteindre le but.

La ligne avancée devait s'étendre le long du fiord de Christiania.

On prendrait les forts que l'on rencontrerait.

On s'emparerait de leurs munitions et on les emploierait pour les mouvements que l'armée aurait à faire ensuite.

Enfin, une flotte puissante serait chargée

d'amener la libre communication avec la province de Bohus.

Ce fut ainsi que Charles XII inaugura une œuvre destinée à être complétée, cent ans plus tard, par la même voie, mais d'une autre manière, pour assurer le bonheur des deux nations, et faire lever l'aurore d'un nouvel avenir pour le Nord scandinave.

Il nous est bien permis de dire que, quand nous avons sous les yeux les annales de ces cent cinquante ans, il en ressort que cette dernière idée de Charles XII était marquée du sceau de la grandeur.

Cette idée ne pouvait être plus vaste ; mais elle eût pu être réalisée plus aisément si Charles avait prêté l'oreille aux propositions de paix faites par la Russie.

Tenir tête à deux adversaires puissants est toujours une tâche hasardeuse, une tâche qui, comme l'expérience l'a démontré, peut échouer et causer la ruine de pays plus forts que ne l'était la Suède en 1718.

Dans l'automne de 1718, Görtz avait enfin, après de longues négociations conduites à Aland, réussi à conclure la paix avec le tsar qui, de son côté, la désirait vivement, pour s'assurer la tranquille possession des territoires conquis.

Görtz se hâta d'en porter la nouvelle au quartier général du roi.

Mais le coup de feu de Frédrikshald bouleversa tous ses calculs.

On n'est jamais parvenu à élucider jusqu'à quel point ce subtil et rusé ministre aurait obtenu l'adhésion de son maître aux propositions dont il était porteur, lorsqu'il fut arrêté sur la frontière de Norvège.

Mais si nous considérons le caractère du roi, si nous nous rappelons combien il était rare que Görtz réussît à faire prévaloir ses vues, même en matière d'administration intérieure et de finances, quand elles ne concordaient pas entièrement avec celles de son maître, nous doutons que Charles eût donné son consentement.

Néanmoins, cette vague espérance d'une paix si longtemps désirée, la compensation trouvée dans de nouvelles conquêtes à ce qu'on avait perdu, faisaient apparaître une aurore dans le ciel sombre, dans la nuit suprême qui allait se fermer sur la vie du héros du Nord, et entouraient d'un charme poétique l'aventureuse carrière de Charles.

Les événements de l'ère de liberté qui s'ensuivit, avec tous ses excès, toutes ses erreurs, toutes ses discordes de partis, sa soif *blasée* de plaisir, ne pouvaient manquer de déterminer finalement une énergique réaction de sentiment en faveur de l'ère des Charles.

Le roi chevaleresque, mais parfois dépourvu de prudence, dont les idées au sujet de la Suède étaient toujours marquées de grandeur, ainsi que ses simples et incorruptibles soldats qui le suivirent fidèlement à travers la victoire et la défaite, apparurent, après quelques décades, comme entourés d'une auréole presque surnaturelle.

Plus d'un siècle se passa avant qu'on pût persuader au peuple suédois que la balle qui, le soir de ce jour fatal, dans les tranchées du siège de Geyldenlöve, avait tué le héros adoré, venait d'un simple coup de feu parti au hasard des lignes ennemies, dans l'obscurité.

Le soupçon et la calomnie, ces assistants
sinistres qui se sont dressés près du cercueil
de plusieurs de nos grands rois, surgirent
de nouveau, et élevèrent la voix, empoison-
nant les derniers jours de plus d'un des plus
honorables enfants de la Suède, et furent la
seule récompense donnée à de braves étrangers qui avaient risqué leur vie et leur sang
sous le drapeau suédois, alors qu'on ne pouvait alléguer aucune preuve sérieuse contre
leur loyauté.

VII

Lorsque nous autres Suédois, nous con-
templons Charles XII à la tête de ses
bleus (1), ce qui attire tout d'abord notre
attention, c'est son incomparable et entraî-
nante bravoure.

Mais nous oublions trop souvent ses réels
talents stratégiques.

Et ils étaient si grands, qu'un Frédéric,
un Napoléon le grand, sans compter d'autres
généraux fameux et des écrivains militaires
qui font autorité, n'ont pas hésité à les mettre
au premier rang.

Maintenant que nous avons suivi notre
héros jusqu'à la fin de son illustre carrière,

---

(1) L'uniforme des soldats de Charles XII était bleu.
(*Note du traducteur.*)

il n'est pas hors de propos de dire quelques mots de lui comme soldat.

Charles XII avait reçu une éducation militaire très soignée et avait étudié avec ardeur l'art de la guerre et de la fortification, sous la direction habile de Stuart.

Il n'était donc nullement dépourvu des connaissances nécessaires pour prendre le commandement en chef de l'armée suédoise.

Il eut le bonheur d'être entouré de lieutenants expérimentés dans la pratique de la guerre, qu'ils avaient apprise soit sous les drapeaux suédois, soit sous les drapeaux étrangers.

Les idées de ce siècle, et plus encore le tempérament et la disposition du roi firent de lui avant tout, essentiellement, un remarquable général de cavalerie.

La rapidité de perception, la promptitude des mouvements, la vigueur de l'attaque, telles sont les trois qualités maîtresses qui distinguent le caractère du roi comme soldat.

La cavalerie suédoise acquit promptement de la réputation, non seulement pour sa rapidité d'action et sa superbe conduite sur les champs de bataille, mais encore par l'impétuosité de ses attaques et son maniement du sabre.

Les premières autorités militaires prussiennes reconnaissent franchement que la cavalerie de Charles XII servit de modèle aux régiments de cavalerie de Ziethen et de Siedlitz, qui devinrent si fameux par la suite.

Le roi se faisait une véritable partie de plaisir de multiplier les reconnaissances, et de conduire la charge pendant que les divisions de l'armée suédoise étaient stationnées dans diverses parties de la Pologne.

On vit souvent Charles, à la tête de quelques escadrons de cavalerie, parfois même avec ses seuls gardes du corps, faire une marche forcée à cheval pour secourir un point menacé ou renforcer un général, et concourir inopinément à l'attaque.

A cette époque, la cavalerie était l'arme la plus importante dans la composition des armées européennes.

Elle formait les soixante centièmes de

l'armée suédoise en 1701, et quand elle quitta la Saxe, cette même armée comptait 25.000 cavaliers sur son nombre total de 44.000 hommes.

Si de plus, nous tenons compte de ce fait, que la majeure partie de l'infanterie était répartie en garnisons dans certaines places fortes, nous pouvons affirmer que l'infanterie, en campagne, était moins nombreuse que la cavalerie.

Toutefois, une partie de cette dernière, surtout les dragons, rendait souvent de grands services comme fantassins.

C'est là un fait connu.

L'infanterie, dont le fusil était encore une arme si défectueuse, que son rôle ne pouvait être aussi apprécié qu'il le fut à l'époque suivante, gagna ainsi en influence, et pendant le commencement du dix-huitième siècle, notre infanterie suédoise fut regardée comme une des meilleures de l'Europe.

Le front, solide comme un mur, qu'elle présentait, était fort redouté, et sa tactique, œuvre de l'immortel Gustave Adolphe, qui fut mise à l'épreuve pendant plus d'une

bataille acharnée, fut généralement ap-
prouvée.

Il lui inculqua sa foi dans l'effet infaillible
de l'attaque à la baïonnette, qui souvent conduisit à d'incroyables succès et qui a survécu
jusqu'à nos jours.

Une grande partie de l'infanterie continuait à avoir pour arme la pique, bien qu'on
y eût renoncé dans presque toutes les autres
armées d'Europe.

Avec cette longue arme, Charles fit des
essais et obtint une extraordinaire supériorité
sur la cavalerie légère polonaise et russe.

Il ne commandait jamais à l'infanterie de
faire feu avant que l'ennemi fût tout près,
ce qui rendait ce feu plus meurtrier.

Il combattit en personne à la tête de son
infanterie, lors du débarquement à Seeland,
à l'escalade des remparts qui entouraient
Narva, au passage de la rivière de Düna, à
Holofzin, et dans bien d'autres engagements
moins connus, mais non moins sanglants.

Comme Gustave Adolphe et Charles X,
Charles XII savait parfaitement juger du
moment favorable pour faire coopérer les

deux armes, et les soutenir l'une par l'autre avec plus d'efficacité.

Parmi la cavalerie, généralement placée sur les ailes, étaient répartis de petits détachements de carabiniers, choisis de préférence parmi les régiments ruraux, qui se vantaient d'être les meilleurs tireurs.

Ils harassaient cruellement la cavalerie ennemie, qui, ne voyant en face d'elle que de la cavalerie, n'était pas préparée à soutenir un feu bien dirigé et efficace de mousqueterie.

Charles ne s'astreignait pas non plus à suivre servilement l'ordre classique de bataille qui était en usage.

Son génie martial dédaignait la tactique quand elle avait pour résultat de s'opposer à ce qu'il profitât brusquement, soudainement, des alternatves qui s'offraient pendant l'action.

Nous le voyons employer différents systèmes d'attaques, par exemple à Narva, comme aux assauts hardis de Klessow, de Holofzin et de plusieurs autres endroits.

Des attaques, dirigées avec la même indépendance, furent aussi employées par Stenbock à la bataille de Gadebusch, où la victoire fut due à une violente charge sur le centre ennemi.

Généralement l'infanterie était disposée sur six hommes de profondeur, la cavalerie sur trois files.

Charles n'avait pas de goût marqué pour l'artillerie.

Mais cette erreur, qui lui était commune avec le plus grand nombre des généraux de son époque, s'explique par ce fait que les canons d'alors étaient de qualité très inférieure, d'un maniement difficile et que leur effet était peu sensible.

L'artillerie ne figure pas du tout dans les budgets militaires de cette époque, ce qui prouve le peu de cas qu'on en faisait en règle générale.

Son rôle se bornait au bombardement des épaulements derrière lesquels s'abritait parfois l'infanterie ennemie.

A Holofzsen, qui fut la bataille la plus habilement préparée de toutes celles de Charles, cette arme fut plus employée que d'ordinaire ; mais les munitions durent faire défaut, si nous en croyons les rapports contemporains, et pour ce motif les canons furent laissés avec le train, et grossirent le butin fait par l'ennemi.

Quand l'armée évacua la Saxe, en l'an 1707, quatre pièces légères furent distribuées à chaque régiment; mais, autant que je sache, ils n'en firent point usage.

C'est bien dommage que les perfectionnements apportés par l'habileté de Cronstett dans le matériel et le mode de chargement, qui contribuèrent tant à la victoire de Gadebusch, n'aient pas été portés à la connaissance du roi avant la défaite de Pultawa et la perte de toute l'armée.

Les soldats suédois n'ont jamais hésité à suivre un chef qu'ils aiment et respectent ; mais, comme les soldats français, ils attendent beaucoup de leurs officiers, et plus encore de leurs généraux.

Il n'exista jamais une personnalité mieux faite pour allumer l'ardeur des soldats suédois et les conduire à la victoire que celle de Charles XII.

Magnanime, juste, sévère envers lui-même, brave comme un lion, il leur apparaissait comme un être surnaturel.

Chaque victoire gagnée ajoutait à leur confiance en lui.

Chaque danger, dont il prenait sa part, les endurcissait au travail.

Leurs ennemis perdaient foi en leur heureuse étoile, et ce fut seulement lorsque l'arc eût été trop tendu, que la corde se rompit.

La sensation qu'éprouvèrent les soldats, à Pultawa, fut peut-être plutôt la surprise de se voir battus que le chagrin de la défaite.

Nous serions entraîné trop loin, si nous avions à mentionner les innombrables faits d'armes où Charles XII se mit au premier rang; et cela n'est point nécessaire.

Le souvenir en est gravé dans le cœur de tout soldat suédois.

Nul d'entre nous ne peut, sans émotion, se représenter le roi se frayant, seul, passage à travers les portes de Cracovie, sans autre arme que sa cravache, autre baguette de magicien, ou escaladant les murs si forts

et encore entiers de Lemberg, à la tête d'une
centaine de dragons seulement.

Qui n'a lu avec admiration la hardiesse
qu'il mettait à franchir, à cheval ou à la
nage, les fleuves les plus rapides ou à se lancer à travers les fondrières, les marécages,
à s'aventurer presque seul jusqu'au milieu
des avant-postes ennemis, aussi indifférent
à la grêle des balles qu'aux froids de l'hiver
ou aux chaleurs de l'été ?

Qui n'a admiré les preuves du mépris de
la mort qu'il donna devant ses hommes,
lorsque, au siège de Thorn, il refusa à ses
soldats la permission d'élever un retranche-
ment protecteur autour de son quartier
général, qu'on bombardait, parce que d'autres ne pouvaient pas profiter d'un égal avantage ? Ou bien encore quand, à Bender, il
s'élança hors de la maison en flammes dans
la cour, au milieu des janissaires, où il cher-
chait au moins à mourir en soldat ? Ou à
Stralsund, quand il entendit une bombe éclater tout près de la table où il écrivait ses
ordres, et ne se retourna même pas ?

Qui ne rendrait hommage au général qui

partageait toujours les dures épreuves de ses
soldats et qui, pour éviter au moindre d'entre eux des souffrances qu'il ne connaîtrait
pas lui-même, évitait avec soin de placer son
quartier général dans de grandes villes, où
il aurait pu jouir d'un repos, d'un confortable
qu'il avait si bien gagnés ?

Enfin, pour peu que l'on connaisse le
caractère suédois, comment s'étonner de
l'affection, de la vénération, voisines de l'ido-
latrie, qu'il inspirait à cette armée ?

Il fut le dernier Viking du Nord, et il
apparaît entouré de la même auréole que les
héros des sagas.

Les fils de la Suède, jusqu'en ces jours
mêmes, écoutent avec délices, avec orgueil,
le récit des exploits héroïques accomplis par
lui comme par ces derniers.

Mais, bien que Charles XII fût l'objet
d'une telle affection pour ses soldats, il ne
possédait point le don si rare de maintenir
constamment l'accord entre ses généraux.

On a déjà parlé de la malheureuse désu-
nion qui régnait entre Rhenköld, Piper et

Lewenhaupt, et l'on pourrait en citer plusieurs autres exemples.

Arvid Horn, le plus intime ami de sa jeunesse, abandonna son maître et devint le chef du parti de l'opposition dans le pays.

Stenbock, bien que fidèle, languit et se consuma dans le château de Copenhague, objet des soupçons du roi.

Adam Ludwig Lewenhaupt partagea le même sort, comme prisonnier en Russie, et quand Rhenköld en revint enfin, il n'était plus que l'ombre de lui-même.

La prolongation indéfinie des guerres épuisa l'énergie et éteignit l'ardeur des serviteurs les meilleurs et les plus dignes de confiance qu'eût Charles.

Il finit par se trouver isolé au milieu de jeunes soldats, et par n'avoir plus autour de lui que quelques officiers et gardes aux cheveux gris.

Dans ses campagnes successives, il n'était point arrivé à former d'autres grands généraux, capables de reprendre la tâche au point où l'avaient laissée ceux qui y avaient succombé.

Sa puissance était tout entière dans sa personnalité, et toutes deux disparurent en même temps.

Sa vie fut comme la lumière d'un brillant météore. Elle illumina le ciel, éblouit les yeux, mais pour ne laisser, après son passage, que les ténèbres les plus épaisses.

En cette fatale journée de décembre, quand la nouvelle de la mort du roi se fut répandue dans l'armée, tous les liens de la discipline et de la fraternité d'armes se rompirent.

Les hommes n'eurent plus d'autre pensée commune qu'une honteuse retraite.

La caisse militaire fut partagée entre les chefs.

Tout cela fut suivi des intrigues de capitulation, de la désertion.

Tristes vicissitudes après Anjala et Helsingborg ! Aveu déplorable ! Charles XII n'était pas seulement disparu, il était *oublié*.

L'armée suédoise avait présenté un spectacle bien différent, après la bataille de Lützen, alors que ses régiments, leurs rangs bien éclaircis, gardaient les restes d'un roi héroïque !

Comment s'explique ce contraste ?

Évidemment de cette façon : l'esprit de Gustave-Adolphe, après sa mort, survécut chez ses brillants successeurs et ses fidèles élèves.

Ce fut là son plus grand mérite, sa plus grande gloire, à lui, et les seize ans qui s'écoulèrent entre sa mort et le traité de Westphalie, en rendent témoignage devant la postérité reconnaissante.

Charles XII se créa des amis. Il eut des admirateurs et même des adorateurs ; mais il n'avait point ce qu'il lui fallait pour se faire des disciples tant politiques que militaires ; son histoire ne comporte donc pas le chapitre final relatif aux continuateurs.

Ce n'est point sans justice que Geijer a prononcé sur sa tombe ces paroles significatives :

« Ce fut une existence *fermée.* »

Et nous pourrions ajouter :

« Ce fut aussi la clôture d'une ère féconde en événements dans l'histoire de notre pays. »

VIII

L'âge d'or politique et militaire de la Suède touchait alors à sa fin.

Elle avait cessé d'être une grande puissance.

On ne saurait mieux caractériser la perte que fit la Suède de sa situation politique qu'en citant les paroles d'un poète contemporain, mais obscur, de Cederhjelm :

Nous venons d'enterrer le roi Charles, nous couronnons maintenant le roi Frédéric. Le cadran de l'horloge suédoise qui marquait midi, marque une heure.

Mais les côtés les plus sombres de ce tableau ne doivent pas être les derniers à arrêter notre attention.

Il y a d'autres aspects plus brillants à

découvrir ; et à mesure que la personnalité purement humaine de notre héros s'avance vers le premier plan, les ombres disparaissent.

Pour le peuple suédois, il faut dire que, généralement, il supporta le malheur avec fermeté et qu'il fit preuve, dans l'adversité, de plus de qualités que dans les temps prospères.

Néanmoins, jamais Suédois n'accueillit l'adversité avec autant de stoïcisme que Charles XII ; jamais nul Suédois ne resta aussi calme dans la prospérité ; jamais nul Suédois ne fut moins ébloui par les tentations des succès et de la gloire.

Ces qualités, bien que portées jusqu'à l'excès, jusqu'à un point qui les rendit fatales, n'en méritent pas moins l'*admiration*.

Elles reposaient, avant tout, sur une base religieuse.

Une profonde crainte de Dieu, une foi ardente et vive, ainsi que la pureté de mœurs, tels furent les fruits de la sollicitude maternelle, et elles se consolidèrent, se développèrent, à l'âge viril, grâce à une étude assidue de la parole de Dieu (1).

La foncière probité de son caractère eut à peine quelques défaillances.

Alors même que de notre moderne point de vue nous aurions souhaité voir en lui un caractère plus doux, en certaines circonstances, on ne peut imputer de la dureté à Charles, et bien moins encore de la cruauté.

Cette dernière accusation n'a point manqué de se produire ; mais en général, elle venait d'un côté où l'on était loin d'être désintéressé, et elle n'a point été démontrée.

Un fait acquis, c'est que Charles a interdit l'emploi de la torture, même quand les magistrats les plus hauts placés du royaume la recommandaient.

Nous pouvons conclure de là que Charles était, sous certains rapports, plus humain que ses contemporains.

Ce qui établit un contraste entre lui et la plupart des hommes les plus éminents de son

(1) Appendice n° 3.

siècle, c'est qu'il fit preuve d'une absence complète d'égoïsme.

Voici, en outre, une anecdote qui prouve que Charles XII n'était point dépourvu d'humour.

Parmi les gens qui demandaient à être exempts d'une des nombreuses conscriptions, se trouvaient les jardiniers du parc de la résidence royale de Carlberg, et le gouverneur avait probablement appuyé leur requête, comptant qu'elle serait exaucée, puisqu'il s'agissait de serviteurs du roi.

Mais le secrétaire de Charles répondit en ces termes :

« Sa Majesté a remarqué d'une façon sarcastique : « Il est préférable pour les jardiniers d'empêcher l'arrivée de jardiniers russes pour cultiver leurs jardins, ce qui pourrait bien arriver, si l'on manquait de soldats. »

Charles XII a été qualifié de misogyne, mais c'est à tort (1).

---

(1) Appendice n° 4.

Il était bien loin d'entretenir des sentiments aussi peu conformes à la nature.

Dans sa correspondance avec sa sœur cadette, Ulrique Éléonore, correspondance qui nous a été conservée, il montre à toutes les pages une affection vraiment fraternelle, qui ne l'abandonna pas lorsque « Mon Cœur », comme il l'appelait, prêta l'oreille aux ennemis du roi, et qu'elle renforça de son nom et de son rang le parti d'opposition contre son frère et son roi légitime.

Les dames de la cour sont souvent mentionnées, dans ses lettres, par des noms familiers ou des désignations amicales, et il leur envoie fréquemment ses salutations.

En outre, nous connaissons des anecdotes relatives à ses visites dans des manoirs polonais, et qui nous font voir sous un jour bien touchant la conduite de ce jeune roi, réfléchi, simple, et tout à fait timide.

La nouvelle de la mort de sa sœur aînée et chérie, Hedvige Sofia, duchesse de Holstein, parvint au camp suédois quelques jours avant la bataille de Pultawa ; mais, comme le roi était alors blessé, personne n'osa lui faire part de cette grande perte, de peur de l'agiter.

Il ne la sut qu'après le passage du Dniéper, et elle produisit en lui l'effet que n'avaient pu produire les plus grands malheurs se succédant sans intervalle.

Charles versa des larmes amères et resta silencieux tout le jour.

Il fit donc preuve d'une profonde affection pour sa parenté.

Il était donc capable d'aimer aussi les femmes.

Mais le désir sensuel parait avoir été totalement étranger à ce singulier roi guerrier.

La beauté séduisante d'Aurora de Kœnigsmark fit sur lui une impression tout autre que celle qu'on attendait et qu'on avait voulu produire.

Mais son âme était très ouverte à l'amitié virile.

L'exemple, peut-être le plus touchant qu'on en connaisse, c'est sa liaison avec Max-Emmanuel de Wurtemberg, dit « le Petit Prince », qui fut son ardent admirateur et son compagnon fidèle pendant bien des années de combats aventureux et de campagnes.

Quant à ses courtisans, à sa garde du corps, à ses serviteurs, il avait pour eux un attachement sincère et une franche sympathie que, néanmoins, il dissimulait quelquefois sous un extérieur un peu sévère.

Il se montra patient, même à l'égard de ses ennemis, ce dont on trouve la preuve dans l'indulgence dont il usa envers eux, après son retour de Turquie.

Mais, si on avait encouru son profond déplaisir par une conduite perfide ou peu honorable, il était difficile à radoucir et son énergique sentiment du bien et du mal le poussait à poursuivre un châtiment qu'il regardait comme proportionné au crime.

Ce motif le porta à rejeter les nombreuses pétitions qui lui furent adressées en vue d'obtenir la grâce de Patkull.

Il s'exprimait en termes brefs, qui allaient droit au fait, et ses ordres étaient énoncés avec clarté, excepté à Pultawa, ce qui était imputable à la fièvre causée par sa blessure, circonstance qui avait diminué ses forces et obscurci sa claire intelligence.

Quand il avait remis l'épée au fourreau, la lecture était son occupation favorite.

Avec les livres religieux, ceux qu'il goûtait le plus étaient nos anciennes sagas sur les Vikings, et les auteurs classiques.

Pendant son séjour prolongé en Turquie (1), il s'adonna avec passion au jeu d'échecs, et l'on dit qu'il y devint d'une habileté peu commune.

Dans ce que nous connaissons du caractère de Charles, nous trouvons bien des sujets de croire que s'il avait réussi à assurer pour son pays le bonheur de la paix, il n'aurait pas brillé avec moins d'éclat dans une sphère pacifique que dans la tempête des batailles ; que s'il n'avait pas reçu, à un âge aussi prématuré, le dépôt dangereux du pouvoir absolu, s'il n'avait pas été entraîné aussi loin par la marche irrésistible des événements, son règne aurait été une source de bienfaits pour le peuple, dont la Providence

----

(1) Appendice n° 5.

lui avait confié les destinées, bonnes óu
funestes, comme ce même règne fut une
source de malheurs dans ses alternatives de
glorieux faits d'armes et de terribles calamités.

Pour terminer, jetons un coup d'œil sur
l'extérieur de cet homme remarquable, qui
fut en quelque sorte la personnification de
l'esprit chevaleresque et de la noblesse en
Suède, tel que nous le représente la statue
élevée à sa mémoire, au cœur même de son
pays natal, sur les bords du ruisseau qui
passe, en grondant, autour de son sarcophage.

La figure présentait les traits qui caracté-
risaient la famille Palatine des Deux-Ponts.

Il est impossible de douter un instant
qu'on soit en présence d'un personnage extraordinaire, dès que l'on considère ces yeux
vifs d'un bleu foncé, ce front élevé — siège
des pensées audacieuses, — ce nez légèrement aquilin, ces lèvres imberbes dont le
dessin, fortement marqué, indique presque
de l'entêtement.

S'écartant d'un usage universel, dans un

siècle où il différait si profondément de ses contemporains, sous bien des rapports, Charles ne porta jamais de perruque, depuis le jour de sa majorité.

A cet instant mémorable où, quittant Carlshamn, il monta à bord pour commencer ses longues campagnes, il jeta sa perruque à l'eau, et depuis, sa chevelure châtain, mais quelque peu éclaircie, put flotter librement autour de sa belle tête.

Il n'avait pas plus de six pieds de haut, mais il était bien proportionné, élancé.

Son corps n'ayant point été affaibli par les plaisirs, il jouit d'une santé inaltérable et fut en état de résister aux privations et aux rigueurs les plus cruelles.

Son régime était fort simple.

Après les fatigues de la journée, il couchait sur la paille.

Pendant ses campagnes, il ne s'accorda qu'un petit nombre d'heures de sommeil par jour, et plus d'une fois on le vit, devant sa table de travail, à deux heures du matin.

La coupe et la couleur de son vêtement étaient suédoises.

Parmi nous, tout le monde connaît son habit bleu, au collet rabattu, aux grands boutons lisses de laiton, son gilet de buffle, sa cravate noire, son chapeau de gros feutre, ses grosses bottes de cavalier aux immenses éperons d'acier.

Il ne porta jamais d'insignes propres à indiquer sa position et son rang.

Aucune médaille militaire, aucun ordre n'ornait sa poitrine, mais elle recélait en elle-même la gemme la plus précieuse, le cœur, aux pulsations énergiques d'un brave soldat, et dans sa main brillait l'épée dont l'ordre suédois du Glaive doit être regardé comme un symbole précieux.

Tel nous apparaît Charles XII.

Qu'est-ce qui le rend si attrayant aux yeux des Suédois?

Qu'est-ce qui rendit sa mémoire si chère à tout le pays, malgré toutes les calamités qui marquèrent son règne, en dépit des erreurs dont il est impossible de le justifier?

En voici la raison :

C'est qu'avec ses défauts, tout comme

avec ses qualités, Charles XII se présente comme un vrai fils de sa mère Svéa.

Une mère ferme volontiers les yeux sur les erreurs d'un fils, et en tient secrets les défauts ; mais elle atteste avec enthousiasme ses bonnes et grandes qualités, se réjouit de le voir réussir. Elle est fière de sa renommée glorieuse.

L'ère de Charles XII est terminée.

Une génération plus jeune habite le pays qui vit naître ces héros.

Il arrive, parfois, que ces générations nouvelles déprécient ce qui était d'un grand prix pour celles qui les ont précédées.

Ce serait peine inutile que de nier les grands changements que le temps apporte à bien des traits caractéristiques d'un peuple, mais tant que la Suède sera libre, tant que ses fils conserveront intact l'héritage d'indépendance qu'ils tiennent de leurs pères ; tant que la grandeur d'âme, le courage viril, la bonne foi et la vertu règneront dans l'antique Manheim, tout ce qui aura trait au « Roi Charles » sera gardé comme un dépôt cher et sacré par ses compatriotes.

Le 31 août 1859, un autre roi Charles se
trouvait dans la cathédrale de Riddarhol-
men, entouré de quelques-uns des grands
personnages du pays, sous la voûte carolin-
gienne, à côté du sarcophage ouvert de son
fameux homonyme.

Un examen consciencieux, qui fut fait à
cette occasion, montra une fois de plus combien étaient peu fondés tous les soupçons
qui attribuaient à la main d'un assassin la
mort de notre héros (1).

Remercions Dieu de cette certitude que
sa vie, si riche d'exploits, eut une fin meilleure et, pour lui, plus digne.

Je fus assez heureux, moi aussi, pour

____

(1) Appendice n° 6.

avoir la permission de jeter un coup d'œil
sur les restes de cet homme remarquable,
devant qui trembla, jadis, l'Europe, et de
voir flotter, sur ses tempes décolorées, les
innombrables trophées suspendus aux hautes
voûtes et si éloquents dans leur silence.

Cet instant est aussi mémorable qu'il fut
solennel, et les traits de Charles XII sont
profondément gravés en mon âme.

On me permit de détacher une feuille du
laurier qui ombrageait son front, et de cou-
-per une boucle de ses cheveux, en souvenir
de ce jour.

A ces trésors je puis ajouter deux autres
reliques plus symboliques de Charles : une
des fidèles épées avec lesquelles il se fraya
si souvent sa route vers la victoire, et sa
Bible où il puisait ces leçons qui donnent la
force, au milieu de toutes les vicissitudes, et
qui sont si éloquemment exprimées dans le
fameux et antique cri de guerre des Charles :
« Avec l'aide de Dieu! »

Le Roi Lion de Suède
et la campagne de 1710-1712

Le Roi Lion de Suède
et la campagne de 1710-1712

I

A l'époque de l'avènement du jeune roi
Charles XII, la Suède était au zénith de sa
gloire et de sa puissance ; elle était la reine
du Nord.

La grande idée de Charles X, qui voulait
faire de la Baltique un *lac suédois*, était
devenue *fait accompli*.

Depuis Falsterbo, point extrême de la
Scanie, jusqu'au Mecklembourg, qui se trouve
juste en face de l'autre rive sur la côte allemande, le littoral était presque entièrement
suédois.

Wismar avait une garnison suédoise, un gouverneur suédois. En outre, grâce aux alliances contractées entre la maison royale de Suède et la maison ducale de Holstein, et plus encore à l'attitude naturellement hostile de ce pays à l'égard du Danemark, le Holstein était étroitement allié à la Suède.

D'ailleurs, la maison princière, qui le régissait, se vantait d'avoir des droits à la couronne de Suède, dans le cas où Charles XII mourrait sans laisser d'héritiers.

En outre, sur la côte même de la mer du Nord, la Suède possédait des domaines continentaux que leur éloignement rendait peu utiles, mais très onéreux.

De telles possessions ne pouvaient être conservées qu'à l'aide d'une flotte puissante, et le roi Charles XII avait créé une marine, telle que la Suède n'en avait jamais eu l'égale depuis l'époque du roi Éric XIV.

La force, la mobilité, la réputation de cette flotte avaient en maintes circonstances contribué à maintenir la paix pendant les dernières années de cet habile homme d'État.

Après avoir exploré l'horizon politique

dans la direction du sud, — car notre voisin de l'est était encore sans puissance sur la Baltique, — il fonda, le 16 août 1680, la ville de Carlscrona (la couronne de Charles) et en fit la principale station navale.

Jusqu'alors les stations principales avaient été Stockholm et Elfsnabben, si éloignées et fermées pendant si longtemps par les glaces que la marine suédoise ne pouvait lutter avec la marine danoise, pour l'empire de la mer Baltique.

La flotte, alors, n'était pas davantage en état de protéger les nouvelles provinces suédoises, qui ne faisaient pas complètement corps avec la Suède, et des rivages de celle-ci, il était possible d'apercevoir les mâts des vaisseaux de guerre danois dans le port de Copenhague.

Carlscrona était dans une situation bien plus favorable. En outre, en cas d'attaque, elle pouvait être défendue par le corps d'armée suédois posté en Scanie, en arrière, corps qui constituait une dangereuse menace sur le flanc de toute armée ennemie qui tenterait de se frayer passage au nord, vers la province de Smaland.

Cette place constituait, en outre, un puissant débouché comme port de sortie, au point de vue des relations entre la Poméranie et les autres provinces suédoises en Allemagne.

Enfin, si nous jetons les yeux sur le port même de Carlscrona, qui n'a presque pas d'égal au monde, parce qu'il est situé dans des îles qu'un isthme très étroit relie seul à la terre ferme, il faut voir dans le choix de ce point comme station maritime un coup de génie de Charles XI.

Et pendant la première guerre de Charles XII contre le Danemark, qui ne fut guère, en réalité, qu'un débarquement hardi opéré au centre du pays ennemi, la valeur de Carlscrona et de la mainmise des Suédois sur une Scanie auparavant danoise fut clairement démontrée.

Ce fut à la tête de la nouvelle armée, réorganisée, refondue par la main puissante de Charles XI, et par les exercices auxquels il l'avait soumise sans interruption pendant vingt ans de paix, que son fils, le roi Lion du Nord, accomplit ses fameux exploits.

Ce fut aussi avec la forte marine de Charles XI, construite sur les chantiers de Carlscrona, que l'armée suédoise fut transportée sous le drapeau bleu et jaune, sur des rivages étrangers. Ce fut cette marine qui maintint ininterrompues les communications entre la mère patrie et ses possessions continentales, pendant cette longue période où l'acier suédois pénétra si profondément dans les cœurs des nations ennemies.

On n'oubliera jamais que ce fut l'œuvre accomplie durant la paix par le père, qui fit le fils, et que grâce à elle, la renommée de celui-ci et de ses beaux *Carolingiens* remplit l'Europe dans toutes les directions.

Mais pourquoi, oh! pourquoi ne nous est-il pas permis de rendre un hommage entier et sans réserve à la mémoire de ce noble roi si franchement suédois?

Pourquoi ne pouvons-nous pas nous abandonner à des sentiments de plaisir sans mélange quand le panorama de ces temps se déploie devant nos yeux?

Ce magnanime et chevaleresque monarque gouverna un brave peuple, mais il ne put en empêcher les désastres et la chute.

Comme je me suis déjà efforcé de le montrer, Charles XII fut certainement un brillant capitaine.

Il avait autour de lui des lieutenants et des régiments qui n'avaient pas leurs égaux en Europe pour leur héroïsme et leur dévouement à leur roi, mais il n'était point un grand capitaine dans le sens le plus élevé du mot. Il lui manquait bon nombre des traits qui caractérisent l'homme d'État.

Hélas! il ne sut pas toujours subordonner sa nature loyale, mais obstinée, aux exigences que comporte la politique et aux vrais intérêts de son pays.

Une seule journée de Pultawa devait être le terme naturel d'une campagne où il avait visé un but trop lointain.

Ce jour malheureux, qui amena des désastres au dedans aussi bien qu'au dehors, était déjà, depuis longtemps, redouté de quelques lieutenants de Charles qui étaient les plus prévoyants.

La défaite permit à ce mécontentement, qui avait longtemps couvé dans son pays abandonné et opprimé, de se faire jour.

La défaite fut comme l'écroulement du toit d'une maison qui brûle ; l'incendie est étouffé pendant quelques instants par cette chute terrible, mais il éclate de nouveau avec une violence bien plus grande.

L'histoire générale de la Suède pendant cette période a été tracée par plusieurs écrivains de mérite, et je ne saurais me proposer de la refaire ici.

Dans cette étude, je me propose uniquement d'ajouter quelques feuillets à l'histoire militaire de la Suède pendant l'absence de Charles XII, en Turquie. J'ai serré de près les faits, et j'ai puisé les renseignements à des sources qui, je crois, ont été jusqu'ici lettre close pour les historiens.

Je ne prétends pas à l'honneur de présenter ici une histoire *complète* de la campagne. Ce ne sont là, je le répète, que des feuillets détachés, que je mets à la portée d'historiens plus compétents pour qu'ils en tirent parti, en espérant néanmoins qu'on pourra en tresser une couronne digne d'être posée sur l'autel de l'histoire de la nation suédoise.

L'état de notre pays, à l'époque dont nous traitons, était à bien des points de vue digne de pitié.

A l'intérieur : — le mécontentement, la misère, la famine, les maladies contagieuses, un Conseil de gouvernement et une administration qui n'avaient ni unité ni énergie.

Au dehors, les flamboiements de l'incendie allumé par la guerre, menaçant de la destruction une brave et généreuse nation ; son roi s'attardant à Bender bien loin de son peuple, au milieu de quelques centaines d'hommes, tristes débris de sa superbe armée défaite à Pultawa, et obligée de se rendre prisonnière sur les bords du Dnieper.

Telle était en résumé la situation de la Suède en 1711.

Dès que la défaite de Pultawa fut connue dans l'Europe occidentale, le roi Auguste rompit le traité d'Alt Ranstadt, sous le prétexte ostensible que ce traité avait été conclu illégalement, et qu'il ne l'avait signé qu'en cédant à une supériorité accablante, qu'il lui était permis en conséquence de le déchirer à la première occasion.

Le roi Frédéric IV de Danemark, **qui** avait également sa revanche à prendre **de** grandes pertes, déclara aussi la guerre à **la** Suède qu'il croyait incapable de se défendre.

Les raisons qu'il allégua n'étaient que **des** griefs de la nature la plus frivole.

Néanmoins, il se trouva des gens pour tenir le roi de Danemark en garde contre **cette** démarche, et lui représenter que la Suède était loin d'être aussi faible qu'on le prétendait.

On croit même que de ce nombre **était** l'envoyé danois à Stockholm, Grüner.

Mais le roi de Danemark ne voulut **rien** entendre.

La Russie, qui avait un champ d'**action** plus libre depuis la bataille de Pultawa, commença à diriger la pointe de son épée **vers** les provinces baltiques qui restaient à **la** Suède, et vers la Finlande.

Elle se posa sérieusement en *puissance* dans la Baltique.

L'Angleterre et la Hollande, qui s'étaient

portées garantes des traités de Trowendal et d'Alt Ranstadt, furent invitées à soutenir la Suède par les armes, mais malheureusement elles hésitèrent, soit par crainte de se brouiller avec les États d'Allemagne, dont les renforts grossirent leurs armées pendant la guerre de la succession d'Espagne, qu'elles faisaient à la France, soit parce qu'elles redoutaient la puissance de la Suède dans la Baltique.

En outre, elles alléguèrent des prises et des blocus qu'auraient faits la Suède dans cette mer.

Néanmoins, c'était une erreur de croire que, aussitôt après la bataille de Pultawa, la Suède était hors d'état de conclure une paix honorable, ainsi que de trouver des alliés pour un suprême effort contre le seul de ses ennemis qui fût véritablement dangereux.

La Prusse, à cette époque la première parmi les États européens, dans cet ordre d'idées, commençait à redouter la puissance croissante du tsar Pierre.

Il en était de même du roi Auguste.

Les troupes russes, cantonnées en Allemagne, étaient un fléau.

Mais toutes les idées d'arrangement et de paix échouèrent contre l'obstination du roi.

Celui-ci, de sa lointaine résidence sur les bords du Danube, prétendait diriger à lui seul les destins de son pays. Car dans toutes les négociations, Charles exigeait comme condition *sine qua non*, la renonciation du roi Auguste au trône de Pologne, et comme on le sait, ce fut l'écueil où vinrent se briser tous les efforts pacifiques.

Nous devons certes nous demander pourquoi le roi mit tant d'insistance à exiger cette condition spéciale, et attira ainsi sur la Suède les terribles désastres qui s'ensuivirent.

Est-ce un caprice ?

Obéissait-il à une antipathie personnelle ?

Nous avons grand'peine à le croire, malgré tout ce que nous savons de l'obstination invincible de Charles.

Dans le livre *Tessin et Tessiana* (1), disons-le en passant, il existe en français un remarquable portrait du caractère de Charles, et l'auteur de ce portrait n'est rien moins que le roi Gustave III.

Gustave, qui, on doit le dire, rend pleine justice, sur tous les autres points, au caractère extraordinaire de Charles XII, s'exprime ainsi :

« Il avait (à cette époque) tous les dehors d'un fou dominé par un désespoir aveugle ou une obstination indigne d'un être raisonnable et impardonnable chez un grand homme. »

Mais, je le demande, avons-nous toujours le droit de juger sur les simples apparences ?

Ne pouvons-nous pas trouver dans l'état politique de la Turquie d'alors et dans son importance l'excuse, ou tout au moins une explication, du long séjour de Charles XII à Bender ?

Puis n'a-t-on pas vu, sur le Pruth, un

----

(1) Il s'agit de Charles-Gustave, comte de Tessin (1695-1770), chef du parti des chapeaux, gouverneur de Gustave III, alors prince royal. *(Note du traducteur.)*

grand vizir vendu se laisser éblouir par les joyaux de la tsarine Catherine? Et si cela n'avait point eu lieu, quelles en eussent été les conséquences?

Et alors quel verdict la postérité aurait-elle rendu sur Charles XII?

Charles XII, tout comme Charles X, commit la grande erreur d'affaiblir la Pologne par la guerre; mais il vit les grands avantages d'une alliance entre la Pologne et la Suède contre la Russie.

Cela résulte clairement de ses infatigables efforts pour soutenir sur le trône de Pologne, Stanislas, le plus noble de ses enfants.

Son projet était de fonder une dynastie nationale.

Bien mieux que des princes étrangers, incapables d'inspirer confiance, dans un pays où les Suédois n'avaient jamais jusqu'alors trouvé que des amis trompeurs, cette dynastie servirait les intérêts de la Pologne, tout en sauvegardant ceux de la Suède.

Cette idée-là, elle était à Charles, elle ne manquait ni de grandeur, ni de vérité.

Il ne réussit point à la réaliser. Peut-être que tout en prenant le bon moyen, il s'y entêta simplement trop longtemps par pur esprit de défi.

Peut-être aussi, par suite d'événements antérieurs, qu'on connaît bien, par suite de ses divisions antérieures, la Pologne était-elle dans un tel état de désordre, que ce pays était incapable de remplir la place qui lui était assignée dans le concert européen.

Et, en effet, le malheureux sort qu'eut dans la suite la nation polonaise justifie cette dernière assertion.

Mais, s'il en est ainsi, Charles XII et ses contemporains ne doivent pas en porter seuls le blâme.

On peut avoir pitié de lui, le blâmer des erreurs qu'il a commises, mais on ne saurait porter contre lui un jugement téméraire de condamnation.

L'affection et la vénération du peuple pour le nom de Charles XII, en lui pardonnant de terribles souffrances a protesté d'avance contre un arrêt trop sévère sur ce maître magnanime.

II

En 1709, lorsque le roi marcha contre la
Russie, il laissait en Pologne, pour soutenir
Stanislas, une division sous les ordres du
général Crassow.

Elle se composait d'environ 8.000 hommes,
pour la plupart des recrues allemandes.

Après la défaite de Pultawa, la situation
de ce corps devint de plus en plus précaire.

Stanislas lui-même, fuyant ses sujets
révoltés, vint se réfugier dans ses rangs,
bien que, chose assez curieuse, Crassow fût,
à ce qu'il paraît, son ennemi personnel.

La peste et la famine éclatèrent, l'ennemi
s'accrut en nombre, et il fut bientôt évident
qu'il n'y avait pas d'autre moyen de salut
que la retraite.

Elle fut effectuée.

Crassow, après avoir ramené plusieurs petites garnisons suédoises, n'avait plus que 6,000 hommes à son arrivée en Poméranie : encore n'étaient-ils pas dans un état bien brillant.

Néanmoins, c'était la seule armée suédoise qui restât sur le continent européen, en 1710.

Sans doute elle était petite, mais l'armée suédoise inspirait encore tant de crainte, qu'à plusieurs reprises des négociations furent ouvertes avec le Conseil de Stockholm, en vue, soit de prendre l'armée à la solde des alliés, et de la faire servir contre la France, soit encore d'obtenir la neutralité de cette armée et de la Poméranie suédoise.

Pendant ce temps, l'Angleterre, la Hollande, ainsi que l'empereur des Romains, concluaient à la Haye, en 1710, un traité de neutralité, qui néanmoins était, dans son ensemble, fort loin d'être favorable à la Suède.

Toutefois, les propositions qui s'y rapportaient furent rejetées par Charles, qui ne voulait pas abandonner le plan suivant lequel une nouvelle armée suédoise, entrant en Pologne par la Poméranie, viendrait se réunir à lui et à une armée turque qu'il espérait y rassembler.

Stanislas suivit l'armée affaiblie de Crassow jusqu'aux bords de la mer Baltique, et plus tard (en 1711) il chercha un asile dans le pays sur lequel il avait attiré, mais sans le vouloir, tant de souffrances et de désastres.

Il gagna d'abord Carlscrona, puis Christianstad, et de là se rendit à Stockholm, où il prit part aux délibérations du Sénat.

Enfin, il fixa sa résidence permanente, à Christianstad.

En novembre 1709, le roi de Danemark débarqua en Scanie, avec une armée nombreuse et bien équipée.

Les quelques troupes suédoises qui se trouvaient là étaient incapables de faire quelque résistance ; elles se replièrent sur les provinces de Smaland et de Blekinge.

Toute la Scanie tomba aux mains de l'ennemi. Carlshamn fut pris, Carlscrona fut menacé.

La situation semblait désespérée.

Heureusement la Suède possédait un homme d'un caractère remarquable, une des personnalités les mieux douées qu'il y ait eu tant pour les choses de la guerre, que pour celles de la politique.

Cet homme, c'était le général comte Magnus Stenbock.

Nous ne nous attarderons pas ici à faire la biographie de cet homme extraordinaire, puisque sa mémoire a été immortalisée pour la nation suédoise par Loenbom (1757-65).

Qu'il nous suffise de dire qu'après des efforts et des difficultés surhumains, où toutefois il fut fidèlement soutenu par le Conseil, il réussit à *lever une armée nouvelle*.

Sans doute, elle était composée de recrues toutes fraîches appartenant aux réserves levées sous le régime de la nouvelle organisation militaire, mais en tout cas elle avait deux avantages : des officiers capables et la foi dans leur chef.

Grâce à la connaissance de la Scanie, dont il avait été gouverneur pendant quelques années, après avoir quitté l'armée du roi,

lors de la conclusion du traité d'Alt Ranstadt,
grâce à l'affection de cette province qu'il
avait su gagner, grâce enfin à ses grands
talents de stratégiste, Stenbock réussit à
refouler l'armée danoise qui avait déjà
presque atteint la frontière de la province de
Smaland et commencé le siège de Carlscrona.

La glorieuse victoire d'Helsingbord, rem-
portée le 28 février 1710, délivra pour
toujours la Suède de l'invasion étrangère, et
la nation vit s'éloigner les restes de la dernière armée danoise qui ait envahi son territoire.

Les mouvements militaires, qui suivirent
sur les frontières du sud et de l'ouest, furent
insignifiants.

A maintes reprises, les Danois menacèrent
de débarquer et s'ils n'y réussirent jamais,
cela fut dû à la grande habileté stratégique
dont fit preuve Stenbock.

Mais, hélas! la Suède n'était pas sauvée,
bien que la Scanie fût, pour le moment
débarrassée de l'ennemi.

Le roi, dont le retour immédiat en Suède

paraissait seul capable de sauver le pays, ne voulait pas entendre parler de revenir, à moins de rencontrer une armée suédoise en Pologne.

Il se refusait à remettre le pied dans le pays qu'il avait quitté à la tête d'une des plus belles armées qui eussent jamais été levées en Europe.

Sans doute, il avait espéré une alliance avec la Turquie, dès qu'une nouvelle armée suédoise se montrerait en Allemagne et en Pologne.

Il comptait qu'à la vue de cette armée d'autres puissances se sentiraient plus favorablement disposées envers la Suède.

Bref, par un ordre parti de Bender, et qui arriva en juin 1710, il donna au Conseil le commandement formel d'envoyer en Poméranie 10,000 hommes, qui feraient lever le siège de Stralsund, et réunis à la garnison de cette place sous les ordres du lieutenant-général Düker, viendraient au-devant du roi en Pologne, où il marcherait à leur rencontre, à la tête d'une forté troupe turque.

Mais, vu la pauvreté, les besoins constants

qui régnaient alors en Suède, on juge bien qu'il était plus facile de donner cet ordre que de le mettre à exécution.

Plusieurs voix s'élevèrent dans le Conseil pour le combattre, et elles firent entendre des raisons qui étaient réellement graves.

Les discussions furent prolongées autant que vives, et même âpres, mais en définitive le Conseil n'avait pas d'autre parti à prendre que d'obéir aux ordres péremptoires du roi, et à en entreprendre l'exécution.

Néanmoins, on ne fit rien de toute l'année, à la grande indignation du roi.

L'argent et les hommes manquaient.

Les Danois menaçaient de renouveler l'invasion de la Scanie et du Bohuslan.

Il fallut retarder jusqu'en 1711 l'exécution du plan.

Après la bataille d'Helsingborg, le comte Magnus Stenbock avait été appelé à faire partie du Conseil de régence.

En conséquence, au commencement d'avril 1711, il fut invité à se rendre à Arboga, où le Conseil se réunissait, de crainte de la peste. Il devait y prêter serment, et délibérer sur la défense du pays.

Tous les autres généraux étaient convoqués au même endroit.

On renouvela la discussion sur l'ordre donné par le roi de débarquer une armée en Poméranie.

Les difficultés, qui s'opposaient à l'exécution, semblaient n'avoir point diminué, et Stenbock, en sa qualité de défenseur de la Scanie, ne fut pas le dernier à faire observer combien il serait dangereux de laisser les côtes exposées, et dans l'état défectueux où se trouvait la marine, de lui confier la dernière armée suédoise.

L'amiral comte Wachtmeister, qui avait fait le voyage de Carlscrona en vue d'obtenir des fonds pour la marine, ajouta encore aux anxiétés du Conseil, en décrivant fidèlement l'état des docks, des vaisseaux, des équipages, sujets sur lesquels nous reviendrons plus en détail.

Il sembla que l'expédition fût ajournée une seconde fois. Mais le roi n'était pas

homme à se laisser fléchir, quand il avait
une fois pris son parti.

Il voyait dans l'envoi d'un secours immédiat en Poméranie le seul moyen de revenir
dans son pays, et il croyait que le seul fait de
l'invasion de la Pologne par ses troupes
suffirait pour décider les Turcs à entrer
sérieusement en campagne contre la Russie.

Aussi expédia-t-il au Conseil un autre
ordre péremptoire.

Cette pièce intéressante, qui se compose
de douze articles et est datée de Bender,
le 13 mars 1711, existe encore dans les
archives de l'État, et contient, entre autres
injonctions, les suivantes :

I. — Il faut, à tout prix, remettre la flotte en état
de balayer la mer.

II. — Dès le premier jour où les eaux seront
libres, mettre à la mer le plus grand nombre de
vaisseaux pour bloquer les côtes de la Livonie et
de l'Ingermannie, en même temps que d'autres
croiseront sur les côtes danoises, comme l'année
dernière, pour saisir et s'approprier les provisions
et équipages que les Danois rassemblent pour leur
flotte.

III. — Il faut toujours avoir présent à l'esprit que les ordres partis d'ici doivent, avant tout, être exécutés très rigoureusement, et qu'aucune objection ne doit être tolérée. Les difficultés sont assez connues, mais elles doivent et elles peuvent être vaincues par de la persévérance et de l'habileté.

IV. — Les régiments commandés pour le service doivent être expédiés en parfait état, absolument complets, avec un approvisionnement abondant de fusils, de munitions et d'uniformes. Ils devront emporter avec eux une quantité de biscuits et autres choses nécessaires, pour au moins trois mois sur le sol allemand. La ration de pain doit être calculée à raison d'un marc et demi de bon pain sec par jour.

V. — Quand on transportera l'expédition, il faudra prendre toutes les précautions nécessaires pour éviter un désastre, et pour cela commencer par balayer la mer de telle sorte que l'ennemi ne trouve aucune occasion de causer du dommage aux transports.

Dans d'autres articles de la pièce, il est question de l'échange des prisonniers, de l'encouragement à donner aux prises par les corsaires dans la mer, au nord de la Baltique.

On dit que plusieurs conseillers exprimè-

rent à haute voix leurs mauvaises dispositions.

Dans la chaleur du moment, plusieurs
même allèrent jusqu'à refuser d'obéir. Mais
le parti, appelé le parti du roi, empêcha dans
le Conseil une rupture ouverte avec celui-ci.

C'est à ce parti qu'appartenait Magnus
Stenbock.

L'expédition fut donc décidée. Mais, malheureusement, c'était trop tard pour qu'elle
fût prête en temps voulu.

La justice oblige toutefois à reconnaître
que les membres du Conseil, dès qu'ils eurent
voté, firent tout ce qui leur était possible,
déployèrent un patriotisme et un zèle dignes
d'éloges dans le but de lever les fonds nécessaires.

En effet, ils empruntèrent de grosses
sommes d'argent en leur propre nom, et bien
que les brillantes espérances de Charles eussent été complètement anéanties longtemps
avant le départ de l'expédition, le zèle du
Gouvernement ne se ralentit pas.

Malgré cela, Stenbock, dans un de ses
moments d'amertume, se plaint vivement

« des retards qui feront traîner jusqu'à l'hiver », mais il faut se rappeler que les ordres du roi n'arrivèrent qu'au milieu de l'été.

En outre, quand il s'agit de les mettre à exécution, plusieurs circonstances, dont en général, on n'avait pas tenu compte, durent alors être considérées de plus près ; nous voulons parler de la marche vers le sud du roi de Danemark, quand les négociations sur la neutralité eurent complètement échoué, marche qui avait pour but une attaque combinée avec l'offensive des Polonais et des Russes, contre les possessions suédoises en Allemagne, afin de barrer ainsi la route au roi Charles ; en second lieu, l'impossibilité où le roi Frédéric se trouvait d'envahir de nouveau la Scanie, à cause de la pauvreté qui se faisait sentir dans le Danemark et du mécontentement qu'avait causé l'issue malheureuse de la guerre ; en troisième lieu, l'arrivée, en Suède, du roi Stanislas, avec une lettre de Charles, qui pressait le Conseil de déférer sans délai à ses demandes.

Stenbock et quelques autres conseillers

furent d'avis de faire partir immédiatement les troupes pour faciliter les plans du roi, mais cette force eût dû être beaucoup plus considérable.

Telle qu'elle était, elle devint plus faible qu'on ne l'eût voulu et elle ne servit qu'à défendre nos dernières places fortes en Poméranie.

Quant à prendre l'offensive, il ne pouvait en être question.

Néanmoins, cette aide fut d'une très grande importance.

Je me propose de donner maintenant quelques détails sur cette expédition intéressante, sur son équipement et son transport, après avoir dit quelques mots des moyens de transport qu'elle possédait, c'est-à-dire de la marine suédoise.

III

Un trait fondamental du caractère de
Charles XI, c'était que quand il avait une
fois formé un projet, il en entreprenait l'exécution avec autant de célérité que d'énergie.

Ces qualités ne lui firent pas défaut, dans
les soins qu'il donna à la marine et au port
de Carlscrona, de création toute récente.

L'entreprise fut favorisée par vingt ans de
paix, et les meilleurs officiers que possédât
alors la marine suédoise, l'achevèrent.

Néanmoins, ce n'était pas assez d'une génération pour mener à sa fin une aussi vaste
entreprise.

A la mort de Charles XI, la nouvelle station navale était loin de son achèvement.
Les difficultés que rencontraient les ingé-

nieurs étaient si grandes que, même après sa
mort, certains parlèrent de ramener la flotte
à Stockholm, mais une commission royale
décida enfin que Carlscrona serait la principale station navale.

Déjà, sous Charles XI, on avait construit
un certain nombre de forts, avec fossés, etc.

Ce travail fut repris avec activité.

Le premier vaisseau de ligne, lancé à Carlscrona, fut nommé *le Götha*, et mis à flot le
14 septembre 1686. Il portait 78 canons, me-
surait 153 pieds de long, 39 de large avec un
tirant d'eau de dix-huit pieds anglais.

Son constructeur fut un Anglais, l'infatigable Charles Sheldon.

Un autre vaisseau de 56 canons, *le Pom-
mern*, fut aussi construit sur ses plans.

En 1692, Carlscrona fut en état de mettre
à la mer trente navires de combat, portant
de 40 à 90 canons.

En 1694, le plus grand navire construit
en Suède, *le Konung Carolus* qui portait
110 canons, fut lancé à la mer.

Ce vaisseau était, d'après les idées du
temps, le modèle des navires de combat de

première classe, car toute son artillerie était en bronze de canon. Il était gréé et orné magnifiquement. Il avait quatre ponts et fut également construit sur les plans du fameux Sheldon.

La marine s'accrut par degrés, si bien que, en 1700, lors de l'invasion faite en Danemark, la flotte comptait trente-huit vaisseaux de guerre de première ligne, portant 2.510 canons, montés par plus de 14.000 matelots et de 2 à 3.000 soldats.

Une telle flotte était bien digne d'un roi comme Charles XI.

Il ne faut pas non plus oublier que, pendant les neuf premières et prospères années de son règne, Charles XII travailla assidûment à développer l'œuvre créée par son père, car il n'y ajouta pas moins de treize navires à plus de cinquante canons.

C'était là un progrès énorme pour une seule génération, et ce qu'il y a de plus remarquable, c'est que cette flotte était mieux pourvue en munitions et en approvisionnements qu'aucune de celles qui portèrent jamais le pavillon bleu et jaune.

Grâce à la vive pénétration dont était doué
Charles XI, les frères Charles et Francis
Sheldon avaient été appelés d'Angleterre,
pour construire la nouvelle marine suédoise,
et ces habiles constructeurs furent énergiquement soutenus par le chef de la marine, l'a-
miral Hans Wachtmeister, dont il a déjà été
fait mention.

Une vive amitié régnait, dit-on, entre ces
hommes remarquables. Il paraît même que
Charles Sheldon sauva la vie à l'amiral, au
grand péril de la sienne, ce qui les unit par
des liens éternels.

Les Sheldons préparèrent les plans pour
tous les nouveaux navires jusque vers l'année
1710, où ils prirent leur retraite, laissant la
place à un autre constructeur anglais de
grand talent.

Les modèles et dessins de cette époque, que
nous possédons encore, présentent un grand
intérêt pour les marins.

Même au point de vue du calibre des
canons, la marine suédoise occupait un haut
rang dans les appréciations de cette époque.
Par exemple, en 1712, sur les 1.764 canons

qu'elle portait, 456, c'est-à-dire plus d'un quart, lançaient des projectiles de 24 livres et même de plus de 36 livres.

En 1706, on consacra une somme très élevée à la marine, dont Wachtmeister conserva le commandement pendant toute la période dont nous traitons, en dépit des 70 ans qu'il avait alors.

Cet ardent patriote a de justes droits à une place dans le Panthéon de l'histoire suédoise. Et il avait autour de lui un groupe nombreux de capitaines habiles.

La peine que Charles XI s'était donnée pour former un corps expérimenté d'officiers de marine, ne resta pas stérile.

Le personnel de sa flotte était supérieur à celui de toutes les flottes suédoises qu'eût jamais possédées jusqu'alors le pays, et beaucoup d'officiers avaient servi dans les marines étrangères.

Il était rare qu'on accordât un emploi sur mer à un militaire ou à un fonctionnaire civil, comme cela s'était jusqu'alors produit fréquemment dans la marine suédoise comme dans toutes les autres.

Sans doute, la marine suédoise subit des défaites sous Charles XII, mais si l'on tient compte de l'épuisement des ressources par des guerres prolongées, elle joua son rôle de manière à faire le plus grand honneur au pavillon.

Il y avait, en outre, à cette époque, bon nombre d'officiers de marine étrangers, de haut rang, qui servaient dans la marine suédoise.

Les équipages étaient divisés en trois classes, et il y avait une sorte de milice navale, provenant en partie de la conscription et, en partie, d'engagements volontaires. Parmi ces derniers se trouvaient beaucoup de matelots de la marine marchande, soit suédois, soit de naissance étrangère.

Telle était donc la magnifique puissance navale qu'avait à sa disposition Charles XII, quand il entreprit ses longues et désastreuses campagnes et à laquelle incombait la tâche onéreuse « de balayer la mer », c'est-à-dire la Baltique, de protéger le long chapelet des possessions suédoises qui en occupaient les rivages et d'assurer les communications avec la mère patrie.

Mais, hélas ! qu'était devenue cette superbe flotte de mouettes qui, en ces années-là, portait le pavillon bleu et jaune ?

Comme toutes choses en notre pays, pendant ces terribles années, elle était tombée pièce à pièce.

Pendant les dernières années du règne de Charles XII, il y avait à peine une douzaine de navires capables de tenir la mer ; encore avaient-ils des équipages et des armements incomplets.

On eût dit que le poids des infortunes du malheureux pays était tombé aussi sur la flotte et l'avait écrasée.

Le rétablissement de la paix, le zèle qui animait un personnel d'hommes capables et éprouvés par le service, par l'adversité, auraient bientôt rendu à la marine sa première splendeur ; mais les luttes des partis, leurs rivalités jalouses détruisirent tout espoir de concorde et les deux divisions du service maritime s'armèrent l'une contre l'autre.

La marine déchut de jour en jour, non

seulement faute de ressources, mais parce
que la dissension et l'envie l'avaient gan-
grenée jusqu'au cœur.

En avril 1772 seulement, lors de l'avènement d'une dynastie nouvelle, une seconde
aurore se leva pour la marine suédoise, mais
la description de ce brillant tableau ne rentre
pas dans les limites de notre cadre.

IV

Nous devons maintenant nous tourner
vers un objet moins attrayant, mais qui ne
manque pas de grandeur.

Il s'agit de cette poignée de braves qui, affaiblis par la maladie et les privations, se
hâtèrent, pendant ces sombres et froides
journées de décembre, de traverser les flots
agités de la Baltique pour aller au secours de
leurs compagnons d'armes serrés de près.

Un arrêt fatal avait condamné la Suède.
Mais, c'est là une leçon qu'il faut étudier
avec calme ; elle a un effet vraiment encoura-
geant, et on peut y prêter oreille avec des
sentiments de fierté et de contentement.

Dès qu'on eut décidé de porter secours à la
Poméranie et que l'armement eut été poussé
« à toute vitesse », selon les expressions de

l'ordre officiel, une question s'imposa tout naturellement.

« Quel était l'homme le plus apte à prendre le commandement ? »

Wachtmeister, qui était vieux et souffrant, proposa de prendre comme son lieutenant Stenbock, avec lequel il paraissait alors en bons termes.

Mais le Conseil, bien qu'il approuvât ce choix, hésitait par crainte d'encourir le dé-plaisir du roi, s'il éloignait Stenbock du commandement important qu'il exerçait dans le pays.

Wachtmeister insista pour la nomination de Stenbock.

Le général Düker, qui avait succédé, en Poméranie au général Crassow, demandait instamment des secours (1).

D'autre part, le roi de Danemark concen-trait tous ses efforts pour attaquer les posses-sions allemandes de la Suède. Il détermina aussi, en août, la Norvège, alors alliée avec

----

(1) Il n'avait sous ses ordres que six mille hommes en-viron.

le Danemark, à faire contre la Suède une tentative qui fut repoussée.

A la même époque, en Scanie, la garnison eut de fréquentes alertes par suite des débarquements répétés des Danois et des ravages qu'ils faisaient de nuit.

Sur la demande de Wachtmeister, Stenbock envoya l'officier qui lui servait de secrétaire, Roland, à Carlscrona et le fit d'autant plus volontiers, qu'il était convaincu, en ce moment, que le Gouvernement favorisait sa nomination comme chef de la flotte.

Le roi Stanislas venait d'arriver à Carlscrona, parce qu'il trouvait que la Poméranie était pour lui un asile de moins en moins sûr.

Ce roi, qui connaissait Stenbock depuis bien des années, lui avait plusieurs fois écrit des lettres pressantes pour l'inviter à secourir Stralsund dans le plus bref délai et il venait appuyer sa requête de vive voix.

Mais Stenbock tenait beaucoup à recevoir tout d'abord les ordres du Sénat pour cette démarche, « de telle sorte que Sa Majesté ne puisse croire que j'ai abandonné mon poste à la tête de l'armée ».

Ce fut dans le même esprit qu'il accueillit les propositions de Wachtmeister.

Pendant ce temps-là, il activait avec le plus grand zèle l'embarquement des troupes, bien que la province même qu'il gouvernait, la Scanie, dût par la suite être dépourvue de défenseurs.

Alors lui parvint l'ordre du Conseil, lui prescrivant de se joindre à l'expédition et lui donnant comme remplaçant en Scanie, le lieutenant-colonel Taube.

Le roi Stanislas avait grandement contribué à cette décision par une courte visite à Stockholm.

Quand le monarque exilé fut de retour à Christianstad et qu'il y apprit que Stenbock était nommé, il fut si enchanté de voir se réaliser son désir le plus ardent, qu'il lui écrivit la lettre suivante :

Mon cher Comte,

J'ai reçu votre lettre qui est si pleine de zèle et de bonnes intentions. Je n'ai rien à ajouter, maintenant que les affaires sont entre vos mains et que je suis convaincu que vous ne les négligerez pas.

Je me borne à prier Dieu que vous n'arriviez pas *post factum*.

Je tremble, rien qu'en y pensant ; mais je me console en réfléchissant que *c'est vous* que Dieu a désigné pour cette tâche.

La Suède et la Pologne vous devront de la reconnaissance pour les avoir sauvées.

Je me porte caution pour la Pologne ; je dois et je puis répondre pour la Suède.

On ne saurait vous le refuser, à moins que je ne puisse trouver aucune occasion de reconnaître vos grands services.

Seulement hâtez-vous de mettre à la voile, je vous en supplie.

Cette lettre était écrite en français.

Stenbock avait reçu aussi des lettres de félicitations de divers autres côtés, y compris celles de plusieurs conseillers.

Pendant ce temps-là, il avait appris que la flotte danoise croisait lentement dans le Sund, que les équipages en étaient décimés par la peste et que, par bonheur, ce fléau retardait aussi les travaux de l'armée qui assiégeait Stralsund.

Sur les conseils de Wachtmeister, on choisit sagement Carlscrona comme point d'embarquement.

Néanmoins le manque de matelots se fit vivement sentir et il fallut prendre 6.000 hommes de troupes pour faire le service sur mer.

On en emprunta une partie aux régiments de Stenbock, qui étaient commandés par le major-général baron Hamilton et le colonel Sinclair.

Ils étaient stationnés en Scanie et reçurent l'ordre de se rendre à Carlscrona.

Il fallut laisser à terre toute la cavalerie, faute de moyens convenables pour la transporter et bien que le général Düker insistât vivement pour en avoir.

Stenbock se montra si bon et si paternel dans les mesures qu'il prit pour le bien-être de ses hommes, qu'il fut bientôt l'idole de toute l'armée.

Le 18 octobre, Stenbock arriva en personne au port d'embarquement et les préparatifs s'accélérèrent encore davantage.

Les deux commandants, celui de la marine et celui de l'armée, travaillaient de concert, et avaient à triompher des obstacles les plus sérieux.

Néanmoins, à la fin du mois, la flotte et

plusieurs transports furent en état de prendre la mer.

La flotte se composait de trois escadres.

La première, sous les ordres de Wacht-meister, comptait huit vaisseaux portant 552 canons.

La seconde et la troisième avaient chacune le même nombre de navires et portaient un total de 712 canons.

Il y avait, en outre, six frégates naviguant isolément pour assurer le service de croiseurs et d'éclaireurs.

Elles avaient en tout 172 canons.

Les transports étaient au nombre de sept.

Ainsi, la flotte entière, dont l'équipement avait coûté tant d'anxiété, de travail, de temps et d'argent, comptait vingt-quatre vaisseaux de ligne et six frégates, portant en tout 1.768 canons.

Malheureusement, leur valeur et le nombre de leur équipage n'étaient pas proportionnés à leur nombre, et l'on était arrivé au onzième mois de l'année.

Plusieurs transports, chargés d'approvi-sionnements, furent retardés par le mauvais

temps et n'arrivèrent pas au moment opportun.

La force combattante, qui s'embarqua pour
cette expédition, se montait à 82 officiers,
122 sous-officiers et 2.489 simples soldats.

Enfin, le 30 octobre, le corps expéditionnaire monta à bord, mais dans quel état !

Les vivres, les chaussures, les vêtements
faisaient défaut.

Certains soldats étaient même en haillons
et nu-pieds.

Je mentionne ce détail simplement pour
donner quelque idée de l'ardeur virile et pa-
triotique qui animait nos défenseurs en ce
siècle-là.

Et vraiment, les besoins étaient si grands
que, dans une lettre écrite à bord du *Konung
Carolus,* le 17 novembre, Malberg, chef du
commissariat, s'exprimait ainsi :

« Les privations, la pauvreté nous assail-
lent de toutes parts. On obtient des provisions à crédit, la caisse est vide ; Dieu seul
sait quand l'argent arrivera. »

Néanmoins, à la onzième heure apparurent
quelques-uns des transports attardés, qui ap

portèrent des approvisionnements et des
grains qu'on embarqua en toute hâte, du
mieux qu'on put.

Mais, comme s'il n'y avait pas assez de
difficultés pour retarder l'arrivée des secours
en Poméranie, un fort vent du sud souffla
sans interruption et retint la flotte au large
pendant trois semaines de plus.

Wachtmeister et Stenbock, qui étaient
déjà assez impatients, recevaient message
sur message du Conseil et du général Düker,
pour les presser de faire voile.

Ce délai était d'autant plus dangereux, que
la peste faisait des progrès rapides parmi les
équipages et les soldats et que le peu de provisions que l'on avait, s'épuisait en pure
perte.

A la fin, le 4 décembre, le vent redevint
favorable et la flotte entière prit le large.

Pendant ce temps, la flotte danoise, inférieure en nombre, s'était retirée dans le
Sund.

La mer était libre, et le lendemain, on jeta
l'ancre près de l'île de Rügen.

Après plusieurs conférences avec le général Düker, on reconnut que, vu le petit nombre et le mauvais équipement des troupes dont on disposait, l'offensive était impossible et l'on décida que l'armée bornerait son action à la défensive.

Le général se chargea de conserver ses positions avec les troupes qu'il avait maintenant sous la main, environ 12.000 hommes, jusqu'à l'été suivant, où on pourrait lui envoyer de nouveaux renforts.

Il y avait cinq frégates danoises à eau basse, sous la protection des canons de l'armée assiégeante. Düker insista vivement auprès des commandants de la flotte pour qu'ils les attaquassent ; mais ils s'y refusèrent en alléguant qu'ils n'osaient risquer leur faible escadre qui constituait le seul moyen de débarquement pour cette expédition-là et celles qu'on pourrait envoyer plus tard.

Cette résolution de gens découragés, paraît avoir causé une grande colère au général, car il envoya aussitôt à Bender un courrier pour se plaindre au roi de cette action. Les commandants de la flotte en firent autant pour s'excuser.

Le secours que Düker venait de recevoir eut des conséquences considérables.

La forteresse de Stralsund, vivement pressée de tous côtés, ne pouvait être bombardée, car l'ennemi n'avait pas de pièces de siège.

Elle ne pouvait être prise d'assaut faute d'infanterie, car les régiments promis par le tsar n'arrivaient pas.

La flotte danoise, qui devait apporter de la grosse artillerie, fut dispersée par une tempête.

Le mauvais état des routes empêcha également l'arrivée des canons de siège de Saxe.

Néanmoins, après bien des retards, ces canons arrivèrent, mais bien que les souverains alliés eussent décidé de ne point abandonner l'entreprise que la ville ne fût à eux, les effets furent presque insignifiants et le siège se réduisit à un emprisonnement prolongé.

Stralsund fut magistralement défendu.

En outre, les troupes assiégeantes mouraient « comme des mouches », par le scorbut et d'autres maladies.

Le 19 décembre, la flotte suédoise jeta de

nouveau l'ancre à Carlscrona, après avoir heureusement accompli sa tâche.

Mais, dans l'intervalle, un grand désastre avait fondu sur la garnison de Wismar.

La garnison, ayant fait une sortie de nuit, fut repoussée par la vigilante armée danoise, perdit toute son artillerie, eut 500 hommes tués et 1.500 hommes furent faits prisonniers.

Si le général danois avait poursuivi son succès, Wismar eût certainement été pris.

Le 10 janvier, la flotte suédoise quitta, pour la seconde fois Carlscrona avec un millier d'hommes, qui furent débarqués sans obstacle au dehors de Wismar.

La Baltique était alors libre de vaisseaux de guerre danois.

Wismar ainsi inopinément secouru, l'armée de siège désappointée, alla prendre ses quartiers d'hiver dans le Holstein.

C'est ainsi que furent sauvées pour quelque temps les possessions allemandes de la Suède, grâce à l'action combinée de l'armée et de la flotte et grâce aussi à deux hommes intelligents et patriotes.

Quant à Charles, qui perdait son temps dans une région lointaine de l'est, la route lui était dès lors ouverte vers son pays et la malheureuse nation suédoise regardait avec anxiété dans la direction du sud, pour voir si son roi bien-aimé ne reviendrait pas.

Et il ne revenait pas.

Un fort petit nombre des membres de l'opposition, dans le Conseil, envisageaient cette perspective avec crainte et en frissonnant.

Aussi conçurent-ils une haine violente contre le fidèle Stenbock.

L'activité, qu'on avait déployée pour l'expédition de 1711, ne se renouvela pas pour l'expédition plus importante encore de l'année suivante, et si elle se fit tant bien que mal, ce fut parce que Stenbock s'érigea en quelque sorte en dictateur, et recourut à toutes les ressources de son génie et de son inépuisable fertilité en expédients.

Charles l'appréciait à toute sa valeur, bien que l'expédition de 1711 n'eût pas répondu à ses espérances.

Tout en refusant d'accourir à l'aide de son pays opprimé, accablé, il écrit : « Il faut à

tout prix que Votre Excellence reste en culottes goudronnées. »

Cependant Stenbock ne devait pas rester
longtemps en service dans la marine, car un
ordre envoyé de Bender par Charles, le 21
août 1711, lui enjoignit de se rendre sans retard à la frontière norvégienne, pour repousser les attaques dirigées de ce côté-là par les
Danois.

Il laissa aux mains de Wachtmeister le
soin d'achever l'équipement de la flotte et de
conduire la nouvelle expédition de secours
aux provinces allemandes, mais à peine était-
il arrivé dans la province de Bohus, qu'un
autre ordre royal le rappela pour lui confier
d'autres devoirs bien plus importants, dont
la nature lui causa, ainsi qu'au Conseil, la
plus grande anxiété.

Avant d'en entamer le détail et de dire
quelles en furent les suites, il est bon de faire
connaître en peu de mots l'armée avec laquelle Charles accomplit les exploits qui l'ont
rendu fameux dans l'histoire.

V

L'armée suédoise était réorganisée sur les bases posées par Gustave-Adolphe.

Sa force fut fixée à quatre-vingts régiments de cavalerie formés des natifs du pays, et à vingt régiments d'infanterie.

Les régiments portaient les noms des provinces où ils avaient été levés et tenaient garnison, mais la Couronne entretenait aussi une nombreuse armée de troupes mercenaires.

Il est peut-être intéressant de dire en passant qu'à l'époque de Gustave-Adolphe, chaque régiment avait son uniforme particulier.

Mais Charles XI, en homme d'État qu'il était, prescrivit que certaines couleurs seules seraient adoptées par tous.

En outre, dans le but d'encourager les manufactures nationales, il voulut que le drap fût d'origine suédoise.

Naturellement cette ordonnance tomba en désuétude pendant les longues guerres, mais elle fut remise en vigueur pendant l'époque dite de liberté.

L'uniforme de la cavalerie de Charles, son arme principale, se composait d'un chapeau d'une forme élégante, avec des cordons ou des liserés indiquant le rang de celui qui le portait, d'un habit court ou jaquette de drap bleu, avec de grands boutons plats en laiton, et des revers dits « à la suédoise » et bordés d'étoffe à la couleur du régiment ou de la province.

Cette jaquette se portait par-dessus une sorte de cuirasse de cuir en peau d'élan ; quand on ne pouvait pas s'en procurer, on les faisait en cuir de jeune bœuf.

Ces sous-jaquettes descendaient jusqu'à mi-cuisse.

Autour du cou se portaient des cravates noires, que, semble-t-il, les hommes devaient se procurer à leurs frais.

Par-dessus le tout, on portait une cuirasse de métal.

Les culottes étaient en basane jaune, faites avec de la peau de renne ou de chèvre tannée, des bottes de cheval et des éperons.

Un manteau de drap bleu avec capuchon, de longs gants tannés, un large ceinturon de cuir pour porter l'épée et un autre ceinturon du même genre pour la carabine complétaient l'équipement.

Les couleurs étaient uniformément le jaune et le bleu. Mais bien des détails de ce genre, qui seraient d'un grand intérêt pour celui qui étudie l'histoire militaire, dépasseraient le cadre de cet essai.

Charles XI était son propre ministre de la guerre ; il n'en eut jamais. Mais lorsque Charles XII eut quitté son pays pour un temps indéfini, il jugea utile de confier l'administration de l'armée à une « commission de défense ». Ce qui, cependant, n'empêcha jamais Charles *d'exercer son véto direct et absolu.*

Nous voyons, d'ailleurs, que quoique réduit, en fait, à la position d'exilé, il intervint

lors de la reconstitution de l'armée en 1709
et dans les années suivantes, s'occupant
directement de tous les détails, insistant
pour qu'on se conformât à ses vues personnelles.

Généralement, on les mettait à exécution,
et il en résulta souvent des inconvénients.

D'autres fois, on n'en tint pas compte,
alors qu'on aurait dû le faire.

Il était tout naturel que la distance dimi-
nuât la force de ce bras puissant.

La fatale journée de Pultawa, le 28 juin
1709, la perte immédiate de l'armée, captu-
rée tout entière à Perewolatschna, éparpilla
à tous les vents bien des espérances chez ceux
qui dirigeaient le pays, accabla des milliers
de gens, porta la douleur et la misère dans
d'innombrables foyers domestiques.

Mais ce terrible jour d'infortune ne troubla
point la volonté de fer que possédait Charles.

On est vraiment stupéfié de trouver dans
la première lettre qu'il écrivit à la commission de défense, après la défaite, lettre datée
d'Ossow, le 11 juillet 1709, c'est-à-dire
seulement dix jours après l'anéantissement

de sa magnifique armée, une confiance aussi tranquille, un calme aussi énergique chez le monarque battu.

Le roi dit entre autres choses :

Les pertes sont considérables sans doute, mais nous songeons aux mesures à prendre pour empêcher que l'ennemi ne puisse avoir le dessus, ou même le moindre avantage.

Il est toutefois nécessaire au plus haut degré, de mettre de nouveau l'armée en état de tenir tête aux futures attaques de l'ennemi. Dans ce but, nous vous adressons notre gracieux désir et commandement, de déployer le plus grand zèle et le plus de rapidité possible pour recruter dans le pays et mettre sur pied les régiments provinciaux d'infanterie qui ont déjà fait campagne; de prendre les mesures nécessaires pour leur fournir uniformes, armes, étendards, bandes, tentes et tous les autres effets d'équipements, tels qu'ils les possédaient auparavant.

La cavalerie a éprouvé aussi des pertes considérables, mais comme l'issue est incertaine, il serait bon, également, que le *rusthallare* (service de recrutement) s'occupe sans retard de faire des levées, surtout pour la cavalerie d'Est-Gothie, qui a besoin d'être reformée complètement.

Il est de toute nécessité que nous ne perdions pas courage, que nous ne fassions pas la besogne à moitié. Il faut nous y consacrer de toute notre énergie, il faut que nous remettions toutes choses sur l'ancien pied, si nous voulons arriver en peu de temps à un résultat satisfaisant. Nous sommes persuadé qu'en dépit de cette perte, l'ennemi sera bientôt forcé de céder à nos demandes (1).

Tel était le style dont écrivait alors Charles, exilé, sans armée, au milieu d'un petit nombre de compagnons, sollicitant un asile en Turquie, et séparé de son peuple par des centaines de milles de terres ennemies.

Ce n'était pas chose aisée que de lever une armée nouvelle dans un pays épuisé par neuf ans de guerre, et cette nécessité rendait la situation plus angoissante.

Il ne restait dans le pays qu'un petit nombre de régiments de cavalerie et d'infanterie de l'armée permanente, et en Scanie, un petit nombre de garnisons formées de mercenaires.

Dans les provinces allemandes, les troupes

______

(1) Cette lettre se termine par la demande impérative de garder avec vigilance les prisonniers russes, en vue d'obtenir plus promptement leur échange contre des prisonniers suédois.

étaient si réduites, qu'elles suffisaient à peine aux besoins de la défense.

Dans les provinces baltiques, les garnisons fondaient à vue d'œil sous les attaques incessantes des hordes russes supérieures en nombre.

Il ne restait en Finlande, pour protéger ce pays, que onze faibles bataillons. Il fallait donc reconstituer l'armée de toutes pièces.

Dans un message daté du 13 septembre 1709, le roi presse encore la commission de défense d'activer le recrutement de l'armée nouvelle, et donne à ce sujet une série d'instructions détaillées.

Enfin à la bataille d'Helsingfors, le 28 février 1710, où les Danois furent chassés pour toujours du sol suédois, Stenborg eut sous ses ordres, en dépit de difficultés énormes, et six mois seulement après la défaite de Charles à Pultawa, 14.000 hommes, dont 6.000 de cavalerie.

Les troupes se composaient de recrues. Elles étaient mal équipées. Elles manquaient souvent de vêtements et de vivres.

Néanmoins cet habile général, grâce à

des efforts surhumains, et à des exercices continuels, réussit à en faire une armée respectable et vraiment redoutable.

C'était désormais d'elle que dépendait la conservation des possessions suédoises en Allemagne, et de cette conservation dépendait à son tour l'espoir du *retour* du roi, ainsi que la question importante d'une paix prompte et durable.

On ne devait reculer devant aucun sacrifice, si grand qu'il fût, on ne devait négliger aucun moyen d'arriver à ce but.

L'expédition de l'année précédente avait été décidée trop tard pour produire l'effet qu'il fallait.

En somme, on avait secouru deux garnisons serrées de trop près, mais on n'avait pu songer à prendre l'offensive, non plus qu'à ouvrir un libre passage qui permît au roi de revenir par la Poméranie et par Wismar.

La situation ne s'améliora guère pendant le long hiver qui suivit.

Les approvisionnements s'épuisèrent, et

la maladie éclata, comme cela arrive fréquemment dans les garnisons assiégées.

Düker songea plus d'une fois à « se donner de l'air » par une sortie, mais la faiblesse de sa garnison lui conseilla sagement de s'en abstenir.

Nous n'avions alors en Poméranie que 9 à 10.000 hommes de troupes bien portantes.

Pendant ce temps-là, Charles envoyait de Bender, message sur message, pour presser le Conseil de hâter l'armement de la flotte et l'envoi sur le continent du plus grand nombre possible de régiments.

Ces lettres qui parvinrent au Conseil au commencement de 1712, ne sont pas toujours écrites dans les termes les plus gracieux, et elles firent entrevoir à plusieurs conseillers la perspective de terribles comptes à rendre, quand le roi serait de retour.

Par malheur, cette crainte affaiblit l'activité des gourvernants, et contribua à refroidir leur ardeur.

L'œuvre qu'on aurait dû entreprendre en décembre 1711, aussitôt après le retour de la flotte, ne fut commencée qu'en janvier et en février. Elle ne marcha qu'avec lenteur, et après bien des conférences, où se manifestèrent la défiance et l'envie réciproques.

Il n'y avait malheureusement pas dans ce Conseil une seule personne qui s'imposât par le respect, où qui sût, d'un geste dictatorial, saisir le timon du vaisseau de l'État, et diriger les délibérations de ses collègues.

Tous reculaient devant la pesanteur de la tâche, et devant la grande responsabilité qu'il fallait assumer vis-à-vis du roi despotique.

Magnus Stenbock était peut-être le seul homme qui fût doué du courage et des talents nécessaires, mais il ne pouvait prendre part aux séances du Conseil que par hasard.

L'envie et la malveillance de ses *confrères* pouvaient se donner libre carrière pendant qu'il était absent et combattait contre les ennemis du pays.

Mais dans tout ce qui se fit d'utile, Stenbock eut une part.

C'est ce dont rendent largement témoignage les procès-verbaux du Conseil.

La première difficulté, la plus grande, c'était le manque d'argent.

Le trésor était bondé de billets, mais il n'y avait pas de fonds pour les représenter.

La comptabilité publique était, d'ailleurs, dans le plus grand désordre, ce qui ajoutait aux embarras.

Les emprunts d'État étaient presque inconnus à cette époque; et d'ailleurs se fût-il trouvé des gens pour prêter à un État qui paraissait sur le point de tomber dans l'abîme ?

Sans doute on put obtenir quelques petites avances à Hambourg et à Brême, mais elles furent bientôt englouties.

Charles offrait alors plus de dix pour cent d'intérêt, mais personne ne vint se présenter comme prêteur.

Bref, la situation était si désespérée qu'un des conseillers, le comte Frölich, fit gravement l'extraordinaire proposition de retirer le billon en circulation et de le refrapper avec une empreinte qui en doublerait la valeur.

Les « jetons » à cours forcé qu'émit par la suite Görtz étaient en tout cas un gage que l'État devrait retirer plus tard.

Dans cette crise, le Conseil, sans désobéir formellement aux commandements du roi, décida qu'on équiperait « la flotte entière » aussi promptement que possible, mais qu'on armerait sans délai seulement *douze vaisseaux*.

On devrait aussi préparer sans délai, l'escadre annuelle *russe*.

Mais toutes les délibérations, toutes les décisions du Conseil portent la marque évidente d'une grande faiblesse, d'une grande hésitation.

Néanmoins, Stenbock rédigea un long mémoire relatif à la campagne de l'armée, aux secours qu'il fallait envoyer à la Poméranie et à Wismar, et à la protection des frontières.

Cet intéressant document nous montre que les ressources défensives du pays étaient plus grandes qu'on n'aurait pu le supposer après de longues guerres si coûteuses.

Cet excellent général proposa de porter la

force du corps destiné à partir pour le continent, à huit régiments d'infanterie, se montant à un total de 8.400 hommes ; huit régiments de cavalerie, en tout 7.700 hommes ; de compléter à trois régiments et demi d'infanterie les troupes de la flotte, qui compteraient alors 3.400 hommes.

Pour les garnisons du pays et la défense de la frontière, il proposa de former onze régiments d'infanterie, et neuf de cavalerie, ce qui ferait un total de 16.900 hommes.

Il proposait donc de mettre sur pied une armée qui ne compterait guère moins de 40.700 hommes.

La flotte aurait à balayer de vaisseaux de guerre danois la mer Baltique, avant de prendre à son bord l'expédition destinée au dehors.

On se procurerait à Hambourg et dans le pays les vaisseaux de transport, etc.

A ce moment, comme ces propositions étaient naturellement acceptées, on persuada à la Banque de Suède d'avancer une grosse somme, qui fut envoyée à la station navale pour armer la flotte et presser l'expédition.

Et on se posa de nouveau cette importante question :

« A qui confier le commandement de l'armée qui agirait au dehors ? »

Naturellement tous les regards se tournèrent vers Stenbock, mais le Conseil recula, par crainte d'irriter Charles qui, l'année précédente, l'avait désigné, de Bender, pour occuper un poste déterminé, comme on l'a déjà dit.

Aussi ne fit-on rien.

Il faut regretter profondément que le chef despotique de l'État fût encore retenu dans une terre lointaine.

Pourtant, pour faire quelque chose, le Conseil chargea Stenbock, de présider à « l'équipement » de la flotte.

A son arrivée à Carlscrona, il trouva toutes choses dans l'état le plus déplorable.

Quatre énormes vaisseaux gisaient inachevés dans les cales, et d'autres avaient un besoin urgent de visites et de réparations.

Ajoutons à cela, qu'il apprit qu'une flotte

de douze navires danois se préparait à prendre la mer.

Stenbock prit aussitôt le parti d'accélérer le départ de la flotille destinée à Stralsund.

Ces vaisseaux prirent la mer sans délai, atteignirent heureusement leur but, et apportèrent à Düker de l'aide et des approvisionnements dont il avait grand besoin.

En outre, Stenbock parvint à envoyer à Wismar des secours analogues.

Mais il en résulta un retard pour le départ de la flotte principale, car les autorités navales protestèrent vivement contre le projet de mettre à la mer avec moins de douze vaisseaux de ligne.

D'autre part, le Danemark, malgré la pénurie de son trésor, trouva des ressources pour sa flotte par l'imposition d'une taxed e capitation, de sorte que, dès le commencement de mai, une flotte de douze navires parut dans le Sund, pendant qu'on se préparait à mettre en état le reste de la marine.

Le mois de mai s'écoulait, et la flotte suédoise n'était pas encore prête, par suite de l'épuisement des fonds, par le défaut de toute autre ressource.

Enfin le Conseil hésitait devant toute mesure décisive par crainte du monarque, en même temps que la défiance et la jalousie mutuelles contribuaient à accroître les calamités qu'un roi despotique, au caractère noble mais mal dirigé, avait fait fondre sur le pays.

Tel était l'état des choses, quand arrivèrent des nouvelles inattendues, qui auraient pu détourner le cours des événements, et leur imprimer une marche plus rapide.

Le service postal, récemment établi, qui passait par Subenbürgen, apporta plusieurs importantes dépêches en chiffres, quelques-unes pour le Conseil, d'autres pour Stenbock.

La dépêche du 7 mars adressée au Conseil, et reçue le 20 mai, lui enjoignait d'envoyer immédiatement une armée en Poméranie au secours de Düker, et pour aller à la rencontre du roi, mais chose curieuse, elle ne contenait aucune indication distincte quant au chef qui commanderait cette armée.

Stenbock n'y était désigné que d'une manière indirecte.

Cette préférence fit naître de la jalousie dans le Conseil, mais les ordres impérieux de son prince, si terrible quand il rencontrait de l'opposition ou qu'il n'était pas obéi, ne permettaient aucune objection.

Stenbock reçut l'ordre de hâter le départ et de prendre le commandement du corps expéditionnaire.

Dans deux lettres chiffrées, que le roi avait adressées directement à Stenbock, il exprimait ses désirs, dans des termes plus nets, mais, bien que Stenbock fût chargé de veiller en personne à l'équipement immédiat et au départ de l'armée qu'il attendait, il aurait à se mettre en toutes circonstances, et particulièrement en ce qui concernait les opérations militaires, aux ordres du roi Stanislas, qui, sans aucun doute, partirait avec l'armée.

Pour montrer quelle était l'aptitude de Charles à intervenir dans les détails, malgré son éloignement prolongé, il suffira de dire qu'il terminait par la liste des régiments

d'infanterie et de cavalerie dont il demandait
l'envoi.

Stenbock, se conformant à ces ordres,
malgré la jalousie, l'intrigue et même la
haine qui le harcelaient de tous côtés, se mit
à l'œuvre avec un redoublement d'ardeur, et
s'occupa tout d'abord de mettre la flotte en
état de prendre la mer.

Mais il eut alors à vaincre les mêmes
obstacles qu'auparavant : le manque d'argent
et de marins.

Pour se procurer ces derniers, on eut re-
cours à la presse, organisée par troupes.

En cette circonstance, le Conseil, jaloux
de la situation dans laquelle se trouvait
Stenbock, recourut à l'expédient sournois de
faire appel directement au roi Stanislas,
conformément aux instructions que Charles
avait données à Stenbock. Il envoya deux
personnes à Vadstena, auprès de Sa Majesté,
en même temps qu'il y mandait le général.

Jusqu'alors, le Conseil avait témoigné une
parfaite indifférence à l'égard du roi.

Mais Stanislas se rangea du côté de Stenbock, tout en insistant pour que le débarque-

ment se fît plus près de la Pologne, dans l'espoir d'un soulèvement en sa faveur; mais il y renonça sur les protestations du général suédois.

Le roi et le général préparèrent pour le Conseil des mémoires presque identiques, où ils se plaignaient de sa lenteur et de son indifférence à agir et suggéraient, en termes fort clairs, les mesures à prendre en ce qui concernait l'armée, ainsi que pour la façon de se procurer les fonds nécessaires.

Ces propositions reçurent « l'approbation générale ».

Le noble et tout-puissant Stenbock fut prié par le Sénat de convoquer une réunion des magistrats et bourgeois de Stockholm, ainsi que de l'ordre de la noblesse pour obtenir des avances sur les impôts de 1713, et mettre ainsi à exécution les plans de guerre dont le roi l'avait chargé.

Grâce à ses discours pleins de patriotisme, et à ses efforts infatigables, il réussit à se faire donner 100,000 livres, somme fabuleuse, si l'on considère la pauvreté extrême du pays.

En outre, pour obvier au grand besoin de vaisseaux de transports, il parvint à louer, dans le port de Stockholm, neuf immenses navires marchands, de ceux qu'on appelait les « commerçants d'Espagne », navires qui permettaient de loger commodément les troupes.

L'armée expéditionnaire fut pourvue de vivres pour trois mois, pendant que le roi Stanislas, muni d'une forte somme d'argent, s'établissait à Carlscrona pour presser l'équipement de la flotte.

Stenbock avait, du reste, des motifs urgents pour hâter le départ : savoir, l'impatience croissante de Charles, l'état de la Pologne, où le partisan Grudzinski tenait tête, avec un acharnement désespéré, aux soldats russes et aux adhérents du roi Auguste et se voyait constamment menacé d'être anéanti ; enfin, l'état précaire de la Poméranie.

En juillet, les alliés, qui avaient reçu de gros renforts, y compris 20,000 hommes de troupes russes commandées par le prince Mentchikoff, y concentraient toutes leurs forces en vue d'une attaque contre Stralsund et Stettin.

Rügen était pareillement menacé.

Il suffisait que l'armée danoise et l'artillerie de siège arrivassent, pour que Stralsund et toute la Poméranie fussent à jamais perdues pour la Suède.

Et, en effet, une escadre danoise de neuf vaisseaux de ligne, avec 210 gros canons, apparut devant New-Deep, attaqua et fit battre en retraite la flottille suédoise de ce point jusqu'à Palmerast, et se rendit ainsi maîtresse de ce qu'on appelait « le lac intérieur », ce qui redoubla le péril qui menaçait Stralsund et Rügen.

Pendant ce temps, Stenbock prononça un magnifique discours d'adieux devant le Sénat, le 27 juillet, et partit pour Carlscrona, pour ne plus revenir, au milieu d'un immense enthousiasme populaire, et des souhaits que des milliers d'hommes formaient pour son succès.

N'était-ce pas lui qui devait rendre le bonheur à la nation et lui ramener son roi, qu'elle avait depuis si longtemps perdu, et qu'elle chérissait toujours ?

Les plans des autorités navales consistaient à refouler la flotte danoise jusque sous les canons de Copenhague, à bloquer les côtes entre les îles de Möen et de Falsterbo, c'est-à-dire à fermer le Sund, et à lancer à travers la Baltique les précieux transports.

Le 20 août, tous les vaisseaux réunis dans le port de Carlscrona hissèrent le pavillon jaune et bleu et les pennons de leurs capitaines, pour prendre le large.

Ils avaient pour amiral le vieux Wachtmeister qui montait le trois ponts : *le Konung Karl* de 120 canons.

La flotte comptait vingt vaisseaux de ligne pour le combat, et trois frégates détachées.

L'année 1712 vit ce spectacle magnifique.

Le roi Stanislas montait son yacht *la Sophia*.

Les vaisseaux portaient, en tout, 1746 canons, et étaient montés par 11,130 hommes.

Ces équipages n'étaient pourtant pas complets, ni de premier ordre, et plusieurs vaisseaux n'étaient pas dans le meilleur état possible.

Ces circonstances contribuèrent sans doute à la marche inégale et à la mauvaise navigation de la flotte, et elles eurent, une fois encore, les conséquences les plus désastreuses.

Le matin du 23 août, la flotte prit le large pour aller à la recherche de l'ennemi.

La flotte danoise avait été vue dans les parages de l'île de Bornholm, après avoir croisé sur les côtes de Poméranie, où son amiral, Gyldenlöwe, avait reçu la visite de Pierre lui-même.

Pendant ce temps, Stenbock présidait à l'embarquement de l'armée à Carlshamn, d'où il partit, trois jours plus tard, à bord de la frégate *le Phénix*, pour rejoindre le vaisseau-amiral, ce qui eut lieu dans l'après-midi.

Le lendemain, dès l'aurore, on aperçut au large de Bornholm toute la flotte danoise, et l'on donna aussitôt l'ordre de se tenir prêt pour l'action. Mais la flotte ennemie, composée de vingt-deux navires, dont quatorze de combat, s'enfuit aussitôt, poursuivie par la flotte suédoise.

La chasse continua tout le jour, mais la flotte danoise, ayant une avance d'environ trois milles marins, la flotte suédoise ne réussit pas à entrer en contact avec elle, tout au plus canonna-t-on quelques petits vaisseaux qui traînaient à l'arrière, et qui, néanmoins, échappèrent (1).

Aussi, la nuit venue, la flotte danoise se mit-elle à l'abri des îles Möen, et dans la baie de Kjöge, au large de laquelle les Suédois jetèrent l'ancre.

L'amiral suédois se préparait à l'attaque, mais les Danois réussirent, malgré le calme, à sortir, et à mettre leur flotte en sûreté sous les canons de Copenhague.

L'amiral suédois prit alors le parti de rester sur place, avec ses vaisseaux, et d'attendre que l'ennemi se hasardât à sortir et à s'aventurer entre Bornholm et la Scanie.

---

(1) L'amiral danois, dans son rapport au roi, dit que le retard causé par cet engagement avait failli coûter à Sa Majesté la perte de toute sa flotte.

Néanmoins, on captura une frégate danoise.

Ainsi on n'avait malheureusement pas réussi à prendre la flotte danoise.

Cela fut dû, sans aucun doute, à l'irrégularité de la marche des vaisseaux suédois, car Wachtmeister fut obligé d'attendre pendant toute la matinée du 25 août les vaisseaux plus lents.

Lorsque l'amiral Wachtmeister décida de quitter le poste si avantageux qu'il occupait, il commit une faute terrible, impardonnable, et il faut attribuer à cette décision le grand désastre qui s'ensuivit.

S'il était resté entre Möen et Falsterbo avec ses vingt vaisseaux de combat, la flotte danoise, inférieure à la sienne, aurait été complètement enfermée à Copenhague, et l'expédition n'aurait pu échouer.

Mais loin d'agir ainsi, il quitte cette excellente position, de peur que quelques croiseurs danois restés dans le sud de la Baltique n'attaquent les transports, amplement protégés par plusieurs vaisseaux de guerre de même force.

Il ne s'en tient pas là.

Il se retire jusqu'au large de Bornholm, tout près de la route que devaient prendre les transports.

Aussi la flotte danoise, favorisée par les vents du sud-ouest qui, en cette saison-là, soufflent généralement du Sund, fut en état de fondre et de s'abattre, à n'importe quel moment, sur les transports lourdement chargés.

Pendant ce temps, Stenbock avait atterri à Rügen pour veiller à l'embarquement de l'armée, et sa présence imposante à Stralsund, ainsi que les sacs d'argent qu'il apportait pour les troupes, réjouirent tous les cœurs.

Le 13 septembre, le corps expéditionnaire fut enfin mis en route. Il arriva le lendemain à Rügen.

Le débarquement commença aussitôt, et quarante-huit heures plus tard, chevaux et équipages étaient à terre.

Néanmoins, il restait encore dans les transports, et par suite dans la partie ouverte du port, les précieux approvisionnements, grain pour les chevaux, vêtements pour une partie des troupes, et débarquer tout cela n'était pas chose aisée.

Ce qui empirait les affaires, c'est que, pour ne pas perdre de temps, on avait simplement déversé le grain en masse dans les navires.

Un régiment reçut l'ordre de protéger le déchargement de tout ce précieux matériel de guerre. Pour « éviter l'encombrement », le reste de l'armée fut envoyé à Stralsund, où se rendirent également le général, et son état-major, avec la caisse militaire.

Jamais perspective ne fut plus encourageante, mais nous parlerons bientôt de ce qui en advint.

Pendant ce temps, le 16 septembre, la flotte suédoise tout entière fouillait la Baltique pour rencontrer la flotte danoise.

Qu'avait donc fait cette dernière pendant ces deux importantes semaines?

Il paraît que des querelles avaient surgi entre les amiraux, que plusieurs vaisseaux avaient eu besoin de réparations, et pour comble, comme le disent d'un ton de gronderie, certains historiens danois (1), l'amiral commandant *avait peur de prendre la mer*.

Nous nous risquons à le dire, seulement pour montrer que si l'amiral suédois avait pris l'offensive et saisi l'occasion qui s'offrait à lui, le résultat aurait pu, aurait dû être différent.

Enfin, le 16 septembre, grâce à un bon vent du nord-ouest, la flotte danoise se présenta au large de l'île de Möen ; et lorsque, à deux heures de l'après-midi, la flotte suédoise apparut en vue, l'autre se forma aussitôt en ligne de bataille gouvernant vers le nord.

Les deux flottes prirent du champ pour la bataille, mais elle ne devait pas avoir lieu. Le vent changea et empêcha toute rencontre ce jour-là.

Après une matinée de brouillard, le lendemain à dix heures et demie, les flottes étaient de nouveau en vue l'une de l'autre, la flotte suédoise à trois milles sous le vent, mais le jour suivant encore, elle n'arriva point à se

____

(1) Riégel, par exemple.

rapprocher de l'ennemi pour le corps à corps.

La tactique de celui-ci consistait à se tenir uniquement sur la défensive, afin de fondre, à la première occasion, sur la flotte de transports.

Une autre nuit sombre s'écoula.

La flotte suédoise se trouvait à égale distance entre la Suède, les îles de Möen et de Rügen, la flotte danoise au moins à trois milles plus loin, au large de Möen ; le vent soufflant ouest-sud-ouest (c'est-à-dire contrairement à la flotte suédoise).

Il était déjà fort tard quand le brouillard abandonna la crête des vagues. On eût dit que le soleil s'élevait juste à temps pour contempler le désastre de ce jour.

Enfin, quand il commença à rayonner, voilà qu'apparut toute la flotte suédoise de transport, entre Darserot et Donebusch.

Elle fut immédiatement aperçue du vaisseau-amiral, et toute la flotte se dirigea vers le rivage.

A quatre heures de l'après-midi, les vaisseaux n'étaient plus qu'à deux milles marins

de la terre, quand Gyldenlöwe donna l'ordre
à sept vaisseaux d'attaquer immédiatement,
de brûler « et de détruire tout ce qu'ils pourraient ».

A ce moment-là, notre flotte était à un
demi-mille sur la gauche, déployant tout ce
qu'elle avait de voiles et d'agrès pour venir
au secours des transports.

A cinq heures et demie, un feu terrible fut
ouvert contre les transports sans défense et
encombrés.

Quelques-uns trouvèrent néanmoins le
moyen de marcher à la voile, et en se glis-
sant du côté de la terre, d'échapper à la
faveur de la nuit. Et, chose bien curieuse,
ces vaisseaux prirent la route des ports suédois, d'où les nouvelles du terrible désastre
se répandirent comme la lueur d'un météore
par tout le pays, en anéantissant toutes les
espérances, portant le découragement et le
désespoir dans tous les cœurs. Car on peut
bien dire que la nation avait joué sur cette
carte jusqu'à son dernier homme valide, jusqu'à sa dernière pièce d'argent.

La précieuse flotte de transports était détruite, ainsi que des approvisionnements de toute sorte.

L'armée était à terre. Le pauvre amiral Wachtmeister eut à éprouver le terrible chagrin et l'intense douleur de voir les flammes des vaisseaux monter vers le ciel, pendant toute la nuit, sans pouvoir porter le moindre secours aux beaux navires qui lui avaient été confiés. Quelle situation terrible pour un marin patriote !

Il est assez vraisemblable que les vaisseaux pris ou détruits se montaient à environ cinquante, mais les rapports danois portent ce nombre à près de cent. Tous étaient chargés d'approvisionnements de toute sorte nécessaires à la continuation de la campagne.

Pendant deux jours, les flottes restèrent face à face, mais le vent demeura sans cesse favorable à l'amiral danois, et il était évident qu'il ne désirait nullement livrer bataille, maintenant qu'il avait atteint son but.

D'autre part, il faut dire que Wachtmeister ne tenait pas beaucoup à livrer une bataille incertaine, puisque les transports étaient détruits, et qu'on avait tous les motifs possibles de conserver la flotte pour protéger un autre envoi.

Le 20 septembre, les deux flottes pouvaient à peine se voir l'une l'autre.

Wachtmeister se dirigea sur Carlscrona, où il jeta l'ancre dans le port, le lendemain, brisé de douleur, et destiné à ne jamais plus voir flotter son pavillon sur la Baltique.

La flotte danoise se retira vers le Sund.

Ainsi se termina l'expédition navale qui avait coûté tant d'argent et de peines, et sur laquelle on avait concentré tant d'espérances.

Sans doute, il restait Stenbock, débarqué sur le sol allemand avec 10,000 hommes de troupes intactes, mais il se trouvait au milieu d'un pays épuisé, privé de toutes sortes d'approvisionnements, entouré d'ennemis de toutes parts, et réduit à ne plus guère compter sur de nouveaux secours du pays.

Naturellement, il fut tout d'abord accablé sous le poids du désastre qui avait anéanti d'un seul coup tout son espoir, tous ses efforts, comme le prouve sa lettre à son souverain ; mais son âme héroïque se redressa de nouveau, et les exploits que, malgré d'énormes difficultés, il accomplit pendant la campagne d'hiver qui suivit, lui assurent une place des plus honorables dans notre histoire militaire.

Bref, les ennemis de la Suède triomphèrent, mais nous eûmes aussi de nobles défenseurs. La Suède avait, dans la suite des guerres, conquis un parti influent sur le continent, et il était de l'intérêt de la France de soutenir notre nation.

Je me risquerai, dans une autre étude, à inviter le lecteur qui m'aura suivi avec indulgence jusqu'à cette période critique de notre histoire militaire sous le règne du grand Charles, à m'accompagner aussi à travers les opérations militaires de l'année suivante, c'est-à-dire dans la sortie que fit l'armée suédoise hors de la Poméranie, la glorieuse mais fatale bataille de Gadebusch, et la capitulation de l'infortuné Stenbock à Tönningen.

Charles XII

et la campagne de 1712-1713

Charles XII
et la campagne de 1712-1713

I

L'histoire est le miroir dans lequel les
puissants de la terre, aussi bien que ses
plus humbles habitants peuvent contempler
les événements du passé, pour s'éclairer et
se perfectionner mutuellement. Mais le miroir n'acquiert tout son brillant que quand
les événements cessent d'être obscurcis par
les nuages qu'amène devant l'orbe du soleil
le jeu changeant des vents de la journée, ou
quand ils ne sont plus cachés derrière le voile
du préjugé et de l'esprit de parti.

Celui qui raconte le passé devrait humblement accepter la croyance qu'une main divine guide invariablement la destinée des nations et l'espèce humaine ; que les désastres qu'une Providence bienveillante fait fondre sur les chefs des nations, doivent être regardés comme de justes compensations des erreurs qu'ils ont commises dans leur triomphe à courtes vues, ou comme des anneaux qui doivent trouver leur place dans l'enchaînement des faits ; bref, que tout ce qui arrive tend, ou en tout cas devrait tendre au véritable bien de l'espèce humaine.

Toutes les nations ont eu ou ont leurs dettes à payer rigoureusement.

Sans doute le spectateur qu'amène le hasard, peut s'imaginer que de tels désastres sont survenus avec toute leur gravité, au moment précis où la dette était peu de chose ou qu'ils n'ont frappé que des instruments innocents, des hommes dont les sacrifices, le dévouement, le noble zèle méritaient un tout autre sort.

Mais si, nous livrant à des réflexions plus profondes, nous comprenons le jeu intérieur des événements et leur dépendance mutuelle, nous échapperons à l'erreur commune qui fait envisager ces événements sous un jour étroit, tant au point de vue de leur durée que de leur étendue; dès lors disparaîtront bien des apparentes anomalies.

L'éternel soleil de la justice répand ses rayons sur la destinée de la race humaine, et il se voit clairement que cette destinée doit être considérée d'un point de vue plus élevé et plus général pour que le verdict soit d'accord avec la vérité et l'équité.

Supposons, par exemple, que les calamités dont a été frappée une nation pendant une certaine période, aient contribué au bonheur et au progrès de toute la population pendant cette période ou la suivante, pourquoi ne regarderait-on pas ces calamités comme des épreuves bienfaisantes, lors même que la nation a souffert?

En fait, la destinée de toutes les nations est tissée d'une seule chaîne; l'histoire le montre. Tous les hommes sont frères; notre religion nous l'enseigne.

Et les vues mondaines, qui placent les

intérêts d'une certaine nation hors du reste des intérêts communs de l'humanité, sont contraires à l'une et à l'autre, comme celles qui représentent la gloire et le bonheur d'un certain pays comme quelque chose qui serait incompatible avec la gloire et le bonheur des autres.

Cela dit, on éprouve moins de découragement à suivre le général Magnus Stenbock et ses hommes sur la pénible route qu'un noble sentiment du devoir et une affection prête à tous les sacrifices pour leur roi, leur fit entreprendre, et qui aboutit, pour un grand nombre d'entre eux, à la captivité et à la mort.

La postérité est, certes, tenue de vénérer l'héroïsme dans le courage et le zèle à accomplir son devoir, même quand ils ne sont pas couronnés par le succès.

En de telles circonstances, nous ne devrions point juger uniquement d'après les résultats.

Ces derniers sont dans des mains plus puissantes que les nôtres, et déterminés par des lois supérieures à celles qui sont à la portée de l'intelligence superficielle des spectateurs contemporains.

Quelles sont les intentions, quels sont les efforts auxquels tend l'humanité, voilà ce qui décide le verdict de la postérité.

S'il est prouvé qu'ils ont été nobles, honnêtes, sérieux, l'historien consciencieux doit hésiter avant de condamner ; il se proposera alors de réfléchir respectueusement et de juger avec conviction, avec indulgence. Et avant toutes choses, il devra mentionner, avec la plus grande impartialité, les circonstances au milieu desquelles les événements en question ont été préparés et accomplis.

Cela est d'autant plus important, que ce sont ces dernières causes qui déterminent les résultats de l'entreprise, indépendamment des acteurs principaux qui sont en scène.

Dans la présente étude, on racontera comment l'armée suédoise se fraya route hors de la Poméranie, la bataille glorieuse, mais chèrement payée, de Gadebusch, les tristesses de la capitulation et de la captivité de Stenbock et de ses hommes, événements auxquels on a fait allusion dans un autre chapitre (1).

En rappelant ces événements, nous ne nous écarterons pas de notre résolution de laisser le plus souvent possible la parole aux acteurs du drame.

Cela n'est pas très difficile, grâce aux excellents matériaux que possèdent les archives de Stockholm et de Copenhague.

______

(1) *Le Roi lion de Suède et la campagne de 1710-1712.*

Le but qu'on se proposait en envoyant promptement une forte armée en Poméranie en 1712, était évidemment de tendre, du nord, la main vers le roi, et de lui ouvrir ainsi la route de la Suède, lorsqu'il viendrait, à la tête d'une armée turque et pénétrerait en Pologne. Mais il n'entre pas dans notre plan d'examiner le plus ou moins de probabilité de ces hypothèses.

Nous nous bornerons à dire que, pendant une grande partie de l'année 1712, le roi Charles semble avoir conçu les plus grandes espérances de voir se réaliser son projet favori.

C'est même pour cette raison que Sa Majesté mettait tant d'insistance à hâter l'armement de la flotte et le débarquement des troupes sur le continent.

En effet, quand on apprécie l'attitude de Charles XII à l'égard de Stenbock pendant la campagne qui suivit, il faut se rappeler que le premier, même vers la fin de l'année en question, négociait activement avec la Porte, et que tout naturellement, chaque mesure qui agissait d'une manière défavorable sur ses négociations, était vue par lui avec déplaisir.

Néanmoins nous avons ici à répondre à deux questions.

1° Si l'entreprise avait été accomplie en temps utile et avec l'énergie nécessaire, aurait-elle pu réussir?

2° Réussirait-elle dans les conditions *actuelles*? Pouvait-on la risquer, dans la situation où se trouva Stenbock, après son débarquement en Allemagne?

Il est vraiment difficile de répondre à la première question.

Mais il y a du moins un point qu'on ne saurait contester: c'est la terreur qu'inspirait dans toute l'Europe l'armée suédoise, ainsi que le défaut d'unité et d'énergie dans les attaques dirigées par les souverains alliés contre la Poméranie suédoise.

Cela nous conduit à penser que l'entreprise n'avait rien de chimérique.

Il nous faut naturellement partir de l'hypothèse que la flotte et les premiers transports auraient mis à la voile dès les premiers jours de juin, avant que l'amiral Sehested se fût rendu maître des eaux intérieures ; que les trois corps de l'expédition, favorisés par un temps clair et calme, auraient été débarqués sans accident ; que la flotte suédoise, mieux commandée, et surtout dirigée avec plus de succès, aurait tenu les vaisseaux danois bloqués à Drogden, dans le Sund.

Nous devons supposer, en outre, que Stenbock aurait débarqué en Poméranie à la tête d'au moins 20.000 hommes ; qu'il aurait opéré sa jonction avec Düker qui avait sous ses ordres environ 5.000 hommes, sans compter la garnison de Stettin, et qu'il aurait apporté à l'armée, montant ainsi à 25.000 hommes, les *provisions et les munitions nécessaires pour deux mois au moins.*

Certains écrivains, disons-le en passant, soutiennent que si les approvisionnements avaient été débarqués, il aurait eu de quoi faire campagne pendant quatre mois.

Enfin, nous ne devons pas oublier que, pendant le printemps les belligérants ne mirent pas en ligne plus de 20.000 hommes, qu'ils étaient complètement dépourvus de canons et de matériel de siège, qu'ils étaient bien loin de la zone protectrice des forteresses, qu'ils n'étaient point sous les ordres d'un chef énergique, et que leurs réserves étaient à une grande distance.

Un général aussi habile que Stenbock, n'aurait-il pas pu tirer grand profit d'avantages aussi considérables, choisir pour l'attaque le moment et l'endroit opportuns, et frapper un coup imprévu et victorieux ?

En somme, il semble que son idée, inspirée par l'état déplorable des choses, ait été d'attendre les grands froids, en partie à Rügen, en partie à Stralsund, sans cesser de harasser l'ennemi par des sorties continuelles; pour tourner enfin son aile droite avec vingt-quatre mille hommes. Mais la disette le contraignit à se lancer en avant.

Il pouvait partir directement de Rügen ou bien, partant de là pour passer par Stralsund, place d'armes très forte, qui lui fournissait un point d'appui très solide et très avantageux, se diriger avec toutes ses forces sur Greifswald, Wolgast ou Usedom, faire lever le blocus de Stettin, disperser l'armée peu nombreuse et mal équipée qui l'assiégeait, et qui se composait seulement de mille hommes campés hors de l'enceinte.

Il eût été alors bien près de l'arrière de l'ennemi, et il eût, du même coup, secouru Stralsund.

Quel homme, quelles circonstances eussent pu désormais l'empêcher de marcher sur la Pologne ?

Le roi de Prusse ne s'était pas encore déclaré ouvertement pour l'un ou l'autre parti. Une campagne qui aurait débuté heureusement, aurait, sans aucun doute, déterminé ce souverain à redoubler de prudence.

Sans doute, à cette époque, le roi avait

concentré une armée de 10.000 hommes dans le Brandebourg, et l'on espérait que cette force serait employée contre ceux de nos ennemis qui ne respecteraient pas le territoire prussien.

En outre, les partisans de Stanislas continuaient à se battre en Pologne, parfois avec succès, contre Auguste.

Ils n'attendaient que l'arrivée de Stenbock et de son armée.

Alors, selon toute probabilité, on aurait gagné la partie, et nous pouvons répondre par l'affirmative à la première question.

Mais les circonstances étaient tout autres désormais quand, à la fin de septembre, Stenbock arriva en Poméranie.

Le moment favorable était passé sans retour.

Nous avons vu dans le précédent chapitre de quelle façon insuffisante le Conseil s'était conformé aux ordres du roi, comment on avait perdu des mois sans arriver à envoyer les troupes de secours, et comment en définitive, c'était au courage et à l'influence d'un seul homme que l'entreprise avait dû de s'exécuter tant bien que mal.

Nous avons vu aussi quelle étrange fatalité poursuivit Stenbock et ses compagnons d'armes, comment la précieuse flotte de transports, retardée par des vents contraires, n'atteignit sa destination que pour être détruite ou dispersée, et comment enfin l'armée suédoise, forte à peine de 16.000 hommes, dépourvue de tout, entra dans Stralsund, que l'ennemi serrait alors de fort près, tandis que la flotte de l'ennemi victorieux régnait sur la Baltique et interceptait tout nouvel envoi de secours par la Suède.

Les nouvelles avaient gagné beaucoup d'avance sur Stenbock, dont elles exagéraient les forces disponibles pour le combat.

Cela avait servi à avertir l'ennemi et à le mettre sur ses gardes.

L'ennemi avait reçu pendant l'automne des renforts considérables, au moyen desquels il avait pu renforcer ses lignes un peu trop étendues et espacées.

Il dirigeait maintenant ses principales opérations contre Stralsund, et l'armée d'attaque avait réussi à couper toute communication entre cette ville et Rügen.

Cette armée se composait de 4,000 Russes.

Il est vrai que les souverains alliés ne s'étaient pas encore mis d'accord. Entre autres choses, ils se chamaillaient sur le contingent que chacun d'eux devait fournir pour l'investissement, sur le point de savoir qui entretiendrait les troupes détachées d'une des armées alliées pour servir avec une autre.

Leurs forces s'élevaient en tout à près de 30.000 hommes, dont la moitié étaient des Russes commandés par le prince Mentchikoff. Le reste était formé d'une armée saxonne, sous les ordres de l'habile feld-maréchal Flemming, et enfin d'un peu de cavalerie danoise sous Jörgen Rantzau, mais celle-ci n'avait pas dépassé les environs de Rostock, et formait une sorte d'avant-garde à la principale armée danoise qui partait du Holstein.

A cette époque, les souverains alliés convinrent de se réunir à Grefswald, où se trouvait déjà le roi Auguste, et où le tsar était attendu dans un bref délai, dès qu'il aurait terminé sa cure à Carlsbad.

Ce qu'il y avait de pire dans tout cela, c'est que le roi de Prusse devenait de plus en plus hostile aux Suédois.

Tenté par l'espérance d'avoir part au butin, et sous la pression des forces considérables des alliés, il avait même, à ce qu'on dit, fourni des pièces de siège aux Russes, qui en manquaient ; et nous sommes en mesure de prouver qu'il n'aurait pas manqué de déclarer la guerre à Stenbock, dès la plus légère violation du territoire prussien.

L'empereur, enchanté de voir dans un tel état de faiblesse les Suédois si redoutés jadis, engageait en sous-main les princes allemands à commencer les hostilités contre nous, et il ne réussit que trop bien dans ses efforts.

Quant à l'Angleterre, elle hésita et s'en tint à de belles promesses.

En somme, le seul allié qu'ait eu notre pays sur le continent à cette époque, ce fut la France.

Mais Louis XIV était vieux, déjà fatigué

par la longue et fatale guerre de la succes
sion d'Espagne. Son amitié était tiède. Il
était incapable de donner une aide efficace.

Aussi les Suédois se virent-ils complètement abandonnés à leurs propres ressources,
dans cette lutte inégale contre des ennemis
plus forts et qui les serraient de près.

Ils tenaient bon avec entêtement dans
l'enceinte de leurs forteresses, devenues
imprenables, maintenant que les pluies d'automne avaient empli toutes les flaques
d'eau, tous les marais.

Tout autour, le pays était absolument
épuisé de subsistances.

Si Stenbock, au lieu de manquer de vivres,
avait été en mesure d'attendre la gelée, il
aurait peut-être pu, avec quelques chances
de succès, faire une attaque sur Tribsees,
mais les choses indispensables lui faisaient
défaut.

On avait déjà fortement entamé les ressources qui restaient au général Düker, et
le lecteur sait que cette funeste journée du
18 septembre avait enlevé à Stenbock toutes
les siennes.

En outre, les vents contraires et les mauvais temps avaient diminué l'espérance d'un nouveau convoi, et rendu même difficile l'arrivée par mer de simples troupes.

Quand cette opération eut lieu, il ne resta plus que du pain, et pour une seule semaine.

Certains régiments même n'avaient du pain que pour deux jours.

Dans cette situation critique, Stenbock écrivit à Charles :

« La question se réduit à cette alternative: *Friss, Vogel, oder Stirb'* (mange, oiseau, ou crève). »

Donc, Stenbock ne pouvait pas s'attarder plus longtemps.

Il lui fallait percer les lignes ennemies, pour sauver son armée de la plus terrible famine. Et la façon dont il prépara et accomplit cette tâche fait le plus grand honneur à son habileté militaire et politique.

Mais comme il était aussi dans la nécessité de choisir le seul point sur lequel il eût quelque chance de succès, c'est-à-dire la direction de l'ouest, il s'écarta des plans convenus d'abord, et en fut par la suite sévèrement blâmé.

Nul ne se plaignit plus amèrement de cette démarche que le conseiller royal de Suède, comte Wehlingk, qui remplissait les fonctions d'une sorte d'envoyé spécial auprès de la ville libre de Hambourg.

Mais *nous autres*, sommes-nous tenus d'accueillir ses récriminations?

Nous répondrons avec énergie : *Non,* et nous exprimons en même temps la ferme conviction, qu'étant données les *circonstances du moment*, il était impossible à Stenbock d'exécuter les ordres du roi et d'aller à sa rencontre en Pologne.

Reprenons maintenant notre récit.

Stenbock s'exprime ainsi dans son rapport au roi :

Les troupes transportées, après avoir passé Wittmend, dans le territoire de Rügen, étaient alors égales à celles de l'ennemi, si celui-ci avait tenté un débarquement dans l'île.

Les troupes récemment arrivées, ainsi que celles qui étaient déjà établies dans les environs, furent mises en cantonnement, les premières parce qu'elles avaient quelque besoin de repos, ayant beaucoup souffert du mal de mer, et les dernières par la même raison, par suite de la surveillance de jour et de nuit qu'elles exerçaient sur les côtes, dans l'attente de l'ennemi.

Pendant ce temps, on avait rassemblé tous les approvisionnements et fourrages, et on avait apporté par mer, de Stralsund, une quantité de matériel pour ponts et pontons.

Le 6 octobre, on commença le transport des régiments de l'île de Rügen à Stralsund.

Le 9, un conseil de guerre fut tenu en présence de Sa Majesté le roi de Pologne, où furent présents tous les généraux et colonels, en vue de prendre le parti qui, dans les circonstances présentes, serait le plus avantageux au service de Sa Majesté.

L'armée réunie à Stralsund, le 15 octobre, se composait de quatre régiments de cavalerie et trois de dragons, en tout 6,400 hommes et 6,000 chevaux ; plus treize régiments d'infanterie comptant 11,000 hommes environ.

En outre, il y avait un régiment de dragons d'origine étrangère, sous le commandement entraînant du colonel Bassewitz, qui rendit de grands services dans la suite de la campagne ; enfin les gardes du cor p du roi Stanislas, se montant à une centaine d'hommes.

Nous trouvons dans les états d'effectifs officiels, que la force de l'infanterie était réduite d'un cinquième par la maladie. Et même un certain régiment de recrues, qui eût dû avoir mille hommes dans le rang, ne comptait que quatre-vingt-neuf combattants!

En outre, la maladie étendait chaque jour ses ravages, par suite du défaut de nourriture convenable et de l'entassement dans la ville.

Néanmoins, il y avait très peu de malades parmi les officiers, qui étaient en possession de toute leur activité.

Mais les officiers supérieurs d'infanterie manquaient de chevaux et étaient complètement privés de leurs bagages.

On avait même dû laisser à Carlshamn les tentes des troupes et une partie du train, faute de place à bord de la flotte.

Certains régiments n'avaient pas d'uniformes, d'autres n'en avaient qu'à l'état de haillons, parce qu'une partie des uniformes n'étaient pas arrivés à temps, et que les

autres avaient été détruits avec les transports.

Chose singulière : quelques régiments
avaient du drap pour faire des uniformes
neufs, mais comment les confectionner dans
une ville assiégée ?

D'ailleurs, on avait assez d'autres soucis.

Cela fut pour Stenbock une grande souf-
france.

Les délibérations du conseil de guerre se
prolongèrent.

Elles prirent plusieurs jours.

Tous furent d'accord qu'il ne fallait pas
songer à attaquer de front les fortifications
de l'ennemi, et qu'il était préférable de faire
une sortie contre ses lignes à l'extrémité de
son aile d'ouest à Damgarten, où elles
étaient les plus faibles et les plus mal
défendues.

Ensuite l'armée pénétrerait dans le Meck-
lenbourg, province qui avait jusqu'alors été
complètement épargnée par la guerre, et où
les ports de Rostock et de Wismar permet-
traient de recevoir les approvisionnements,

si par hasard des transports en amenaient de Suède.

Il semble que Stenbock eût depuis long-temps conçu ce projet. Mais une nouvelle question surgit, qui rendit cette heure plus importante encore.

A ce qu'il paraît, le roi Stanislas avait, depuis quelque temps déjà, conçu des doutes sur la probabilité de son rétablissement sur le trône.

Il voyait avec tristesse les difficultés s'accroître et la Suède s'affaiblir de jour en jour.

Il frémissait en songeant que, pour lui seul, la Pologne serait déchirée par d'incessantes guerres civiles, et il en vint à conclure que, quand même cette petite armée suédoise réussirait à s'ouvrir un passage sur la frontière de Pologne, le défaut de toutes sortes d'approvisionnements la condamnait à une destruction certaine.

Déjà, avant son départ de Carlshamn, le roi avait reçu de Prusse des propositions d'arbitrage en vue d'un accord avec le roi Auguste. Et son entourage, même sa propre famille, avait appuyé cette ouverture.

Remontons jusqu'au 12 septembre, et nous trouvons une lettre de Stenbock à Charles, où ce point est abordé dans les termes qui suivent :

Je viens de quitter le roi Stanislas en proie à mille inquiétudes, particulièrement à raison des propositions qui lui sont faites par la cour de Berlin, et plus particulièrement à raison *des femmes de son entourage.*

Il a éprouvé de ce fait beaucoup d'anxiété, et sans nul doute, il en a informé Votre Majesté.

Quant à lui, en bon et pieux seigneur qu'il est, il ne sait que faire, et au moment même de le quitter, je l'ai laissé occupé à des méditations spirituelles et philosophiques.

Il semble que le roi Auguste ait, lui aussi, exprimé le désir d'ouvrir des négociations, bien que ce ne fût pas avec des intentions loyales qui n'eussent pas été dans ses habitudes. Le désastre arrivé à la flotte de transport ne fit qu'accroître le désir anxieux de la paix chez Stanislas.

Le malheureux roi avait conçu et mûri dans sa tête l'idée de se rendre lui-même à Bender et de mettre sur celle de Charles XII la couronne qui lui pesait si lourd.

Aussi à ce moment insista-t-il sur l'occasion qui se présentait de conclure une trêve avec les armées alliées.

Il faut se rappeler à ce propos que Charles avait investi Stanislas d'une sorte de commandement en chef de l'armée destinée à entrer en Pologne, et que, par suite, il était très difficile d'accueillir ses désirs avec indifférence.

Stenbock souleva bien quelques objections, fit ressortir la peine que l'on causerait au roi Charles en jetant par-dessus bord son idée favorite et son allié le plus fidèle.

Il ajouta que la conclusion d'une trêve était contraire aux ordres du roi.

Tout fut inutile.

Stanislas argumentait avec toute l'ardeur, toute l'énergie que donne une conviction désintéressée.

Stenbock s'inclina devant sa volonté, avec la ferme intention de tirer pour lui et pour son armée, tous les avantages possibles de ces négociations, puisqu'il ne pouvait s'y opposer.

Le prétexte de l'échange des prisonniers

pouvait constituer une base favorable pour ouvrir des entrevues relatives à la trève ou à la paix, et Stenbock fit alors une proposition dans ce sens au comte Flemming, avec lequel il avait été en relations pendant sa jeunesse.

Il trouva celui-ci favorable à une entrevue personnelle.

On échangea des laissez-passer, et après quelques délais dus à des formalités, il fut convenu qu'on se rencontrerait dans la ville de Falkenhagen le 30 septembre–11 octobre.

Flemming avait avec lui le général russe Von Bruse, le colonel danois Lövenörn, un agent diplomatique russe, Wessolofsky, et l'adjudant-général saxon Krueger.

Les deux feld-maréchaux se rejoignirent à une petite distance de la ville et, montant à cheval, se rendirent au presbytère où se trouvait le quartier général du comte Flemming.

Il semblerait que Stenbock ne prît pas fort au sérieux ses propositions, et que, d'autre part, Flemming éprouvàt de la défiance vis-

à-vis de son ancien ami, tout en lui faisant
un accueil très cordial à ce dernier titre.

Dès qu'on eut soulevé la question de la
paix, il devint évident, et il en fut toujours
de même par la suite, que *tout était subor-
donné à l'abdication de Stanislas.*

A vrai dire, l'impression, que Stenbock
rapporta à ce souverain, au retour de cette
entrevue, paraît avoir eu pour résultat de
confirmer celui-ci dans sa résolution de se
rendre à Bender, et de déposer sa couronne
entre les mains de Charles.

Peut-être aussi, Stenbock, du fond du
cœur, approuvait-il ce projet de Stanislas.

Cette démarche lui rendrait plus de liberté
d'action, et une fois arrivé dans le Mecklem-
sbourg, il pourrait continuer les négociations
gagner ainsi le temps et l'espace nécessaires
pour agir.

La question d'échange des prisonniers
restait donc ouverte, mais pendant ce temps-
là, Flemming conseilla à son souverain de
fortifier les lignes, et de bombarder Stral-
und, au lieu de prendre au sérieux les propositions de paix.

De son côté, Stenbock pressa Stanislas de ne point continuer des négociations qui n'aboutiraient pas, mais qui entraveraient les opérations militaires, d'autant plus que l'ennemi paraissait n'attendre que des renforts, et que les privations des soldats suédois s'aggravaient chaque jour.

Dans une lettre écrite au roi en novembre, il dit :

Nous n'avons plus de pain que pour un jour... mais le rusé chien (1) de Votre Majesté n'en est pas moins plein d'entrain et de confiance en Dieu.

Il venait justement de combiner un plan pour forcer l'aile gauche de l'ennemi à Damgarten, point qui paraissait relativement moins défendu.

Sans doute, le Mecklembourg était un État neutre, mais ni l'un ni l'autre des adversaires n'avait respecté sa neutralité.

Une autre source d'anxiété venait des obstacles naturels, mais Stenbock en tenait peu de compte, vu qu'il se trouvait *sous l'empire d'une nécessité absolue.*

____

(1) Sobriquet plaisant que lui donnait le roi Charles.

Il se mit donc à l'œuvre pour surmonter toutes les difficultés, réunit les matériaux nécessaires pour un passage sur pont volant, et dans le mouvement audacieux qu'il exécuta ensuite, fit preuve de cette sûreté de coup d'œil stratégique qui le rendait si fameux, et qui ne pouvait être obscurcie que par les plus terribles calamités.

Le 20 octobre, un nouveau conseil de guerre fut tenu à Stralsund.

Y furent présents le roi Stanislas et les chefs des régiments.

Stenbock y fit connaître ouvertement sa défiance et son incrédulité sur l'issue des négociations de paix.

Il ajouta que, sans doute, il fallait les continuer. Il recommanda même qu'on envoyât au roi Auguste une ambassade, à Greifswald, mais il dit qu'il fallait, avant tout, à tout prix, sauver l'armée de la famine, par une sortie audacieuse.

Ce conseil fut adopté, et Stenbock se mit à l'œuvre avec prudence et énergie.

Son premier soin fut de pourvoir Stralsund d'une garnison convenable. Il destina à cet objet 1,600 hommes et 150 dragons.

Il dépêcha le colonel Schwerus à Frédéric, duc de Mecklembourg, afin d'obtenir de celui-ci le libre passage pour les troupes suédoises comme pour les troupes saxonnes.

Bien que ce prince n'accordât point formellement son consentement, il se montra animé à l'égard de la Suède de dispositions plus amicales qu'aucun autre des princes allemands.

Le 20 octobre même, Stenbock convoqua à l'hôtel de ville le conseil des bourgeois de Stralsund.

Il fit de pathétiques et éloquents adieux à ces représentants d'une ville qui avait si longtemps donné des preuves de son dévouement et de son affection pour la Suède, et il exhorta ardemment le conseil à persévérer dans sa fidélité.

Cette allocution produisit une impression profonde sur tous les assistants, car Stenbock était l'objet personnel d'une grande sympathie, d'un grand respect, et tous se rendaient compte de la gravité qu'offrait la situation.

Quant à Stenbock, il était si résolu à affronter la mort qu'il fit son testament.

III

Dans la nuit du 21 octobre, l'armée d'attaque sortit de Stralsund pour rompre les lignes ennemies.

L'avant-garde, conduite par le lieutenant-colonel Düker, était composée de la cavalerie de Brême et de deux régiments de dragons suédois, avec six pièces de campagne.

On avait l'ordre de hâter la marche autant que possible sur Damgarten, d'occuper cette position et de jeter un pont sur la rivière avant que l'ennemi eût eu le temps de se concentrer et d'empêcher le mouvement.

Le roi de Pologne faisait partie du cortège de Stenbock.

Le lendemain, Düker atteignit Damgarten, s'en empara en repoussant les postes avancés de l'ennemi, perdant quelques tués et blessés, et à l'aurore du 23 octobre, le gros de l'armée se mit en marche sur Damgarten, position qu'elle atteignit à midi.

Stenbock établit son quartier-général à Plumendorf, où le ruisseau de Rechenitz, qui longe Damgarten, forme un marécage d'environ 3,500 pieds de large.

Bien qu'on eût déclaré cet endroit infranchissable, et que les bestiaux eux-mêmes ne pussent y passer dans la sécheresse de l'été, le commandant en chef décida qu'il le passerait avec son armée.

Dans ce but, il fit clouer bord à bord, des planches que l'on posa sur les fondrières les plus profondes et les plus dangereuses; quatre cents hommes et huit canons furent postés sur les bords de la rivière pour protéger la troupe d'hommes qui était chargée de sonder le marais avec des perches, afin de reconnaître l'endroit le plus sûr pour passer.

Quant à la cavalerie ennemie, forte de mille hommes, sous les ordres du major-général prince de Weissenfeld, elle avait pris position sur la rive opposée, mais elle reçut de l'autre bord un feu d'infanterie si efficace, qu'elle dut reculer jusque dans les bois.

Le pont fut terminé pendant la nuit.

Alors Stenbock réunit tous les généraux, leur donna ses ordres sur la disposition à donner pour le passage.

Six cents cavaliers et cinq cents fantassins furent détachés pour protéger les derrières de l'armée en marche.

La traversée eut lieu le lendemain matin.

Cette manœuvre fut exécutée avec tant d'habileté, qu'en quelques heures, toute l'infanterie et toute l'artillerie avait atteint la *terre ferme* sans avoir perdu un *seul* homme. Et ce marais n'avait jamais été franchi par aucun être humain.

La cavalerie avait maintenant la liberté d'arriver par la grande route et par le pont.

Quand on eut atteint le Mecklembourg, toute l'armée fut passée en revue.

Naturellement, la joie était universelle, car l'armée serrée de si près avait réussi, par un seul coup d'audace, à percer et déborder par le flanc toutes les troupes alliées et les terrassements qui avaient coûté à ces dernières une année entière de travail continuel.

L'armée traversa ce marais perfide sous une averse torrentielle, aveuglante, mais au son de sa musique et les drapeaux flottants.

Le 8 novembre, Stenbock écrit de sa propre main :

Nul homme au monde n'aurait passé cet endroit-là..... Jamais le rusé chien de Votre Majesté n'a été mis à plus dure épreuve, mais il est toujours plein d'entrain et de confiance en Dieu et assuré d'avoir la gracieuse confiance de son roi.

Le général établit son quartier à Ribbenitz, et ordonna aussitôt des reconnaissances dans les environs, en attendant son train d'équipages, que retardait le mauvais état des routes, par suite de la pluie.

Dès le 5 novembre, on reçut l'agréable nouvelle que le prince de Weissenfeld, malgré les renforts de cavalerie danoise de Rantzau, n'avait pas osé entrer à Rostock, mais qu'il s'était retiré vers le sud, tandis que Rantzau regagnait la frontière du Holstein.

Grandes furent la surprise et la consternation de l'ennemi en apprenant le hardi coup de tête qu'avait exécuté l'armée suédoise.

Quand le comte Flemming fut informé de ce mouvement, il concentra ses troupes sur l'aile gauche, en vue de poursuivre Stenbock.

Ce matin-là, il s'arrêta à Tribsees.

Le 26, les Suédois rencontrèrent l'ennemi dans les environs de Lage et de Tessin.

L'armée russe formait la réserve.

Le général saxon Von Thienen fut envoyé à Stenbock pour lui demander de fixer une seconde entrevue à Ribbenitz.

On disait qu'il voulait reprendre les négociations pour la paix.

Stenbock demanda à Stanislas s'il était bien utile d'y consentir, maintenant que l'armée était sortie de Stralsund. Mais ce dernier demanda instamment qu'on les reprît et qu'on l'admît même à y être présent.

En conséqence, un rendez-vous eut lieu hors de la ville, et on y régla aisément les questions de trêve et d'échange des prisonniers, tout en échangeant les propos les plus civils et les plus bienveillants en ce qui concernait la paix.

Mais alors, comme la première fois, toute négociation était vaine, tant qu'on n'aurait pas le consentement de Charles. Le rusé Flemming proposa donc, avant de partir, que Stanislas se rendît à Bender et y renonçât publiquement à la couronne : proposition qui, comme nous l'avons déjà dit, concordait parfaitement avec les dispositions de ce monarque, et qui ne tarda pas à être mise à exécution.

L'objet qu'il visait en suggérant cette idée était de gagner du temps, car les armées coalisées se rapprochaient de jour en jour, tandis que l'armée suédoise ne pouvait absolument pas rester dans sa position actuelle avec l'ennemi en flanc.

Aussi Stenbock, quand il eut appris que les troupes danoises avaient évacué le Mecklembourg, et que le train était arrivé, décida-t-il de marcher en avant et de mettre le siège devant Rostock, où il se placerait dans une situation plus avantageuse, et bien plus rapprochée des transports si impatiemment attendus.

Quand on juge ces opérations et celles qui suivirent, nous devons répéter encore qu'il ne faut pas oublier que les mouvements de Stenbock étaient subordonnés à deux circonstances importantes, le désir qu'avait le roi de Pologne de faire la paix, désir justifié par l'embarras du roi de Suède, par le nombre de ses ennemis, d'une part, et de l'autre l'espoir de recevoir du pays des renforts en hommes et en approvisionnements.

Mais Rostock, loin d'être inoccupé, comme on le croyait, était gardé par quelques compagnies prussiennes.

Les Prussiens avaient demandé et obtenu leur entrée en alléguant que le roi de Prusse avait *directorium agens* dans le territoire dit de la Basse-Saxe (1).

Aussi quand le colonel Bassewitz, avec 500 dragons demanda le libre passage et un cantonnement, le commandant mecklembourgeois répondit-il par un refus formel.

____

(1) Conformément au traité de Westphalie.

Ni menaces ni persuasion ne parvinrent à modifier sa résolution, mais il consentit à consulter le duc.

Dans cette alternative, Stenbock envoya le lieutenant-colonel Taube à Schwerin pour demander instamment qu'on accordât à l'armée suédoise la même faveur qu'on avait concédée à l'ennemi, tout récemment. Mais le duc hésitait, par crainte de la Prusse, et répondait évasivement.

Stenbock, ne pouvant attendre plus longtemps, décida d'occuper la ville par force.

Il conduisit son armée jusqu'à Wolkenshagen (à environ six milles de Rostock) et fit marcher une brigade sur la ville qui fut enlevée fort lestement.

Bassewitz entra avec son régiment de dragons. Il occupa l'emplacement dit Hopfenmarkt (1), avant même que la garnison, qui occupait le fort, eût la moindre alarme.

Elle dut capituler, mais elle obtint de sortir librement à la condition de laisser aux Sué-

---

(1) Marché au houblon. (*Note du traducteur.*)

dois tous les approvisionnements, toutes les munitions de guerre.

Toutefois, cela ne devait point porter préjudice à la suzeraineté du duc de Mecklembourg, et l'occupation se bornerait au temps que Stenbock et son armée seraient dans la ville et les environs.

Les troupes allemandes partirent étendards déployés, au son de leur musique.

Le major-général Schommer fut nommé commandant de Rostock, où l'on établit aussi l'intendance.

Quant à Stenbock, sans perdre de temps, il traversa la ville à la tête de son armée, qu'il établit en cantonnement, mais en restant prêt à recevoir l'ennemi venant du sud, dès la première alerte.

L'aile de l'ouest était appuyée sur la rivière Warna, et l'aile droite gardait contact avec Wismar.

Il fit répandre partout des bruits qui exagéraient le nombre de ses troupes.

Les riches territoires du Mecklembourg avaient certainement moins souffert des ravages de la guerre qu'aucune autre des provinces de l'Allemagne du Nord. Aussi les troupes suédoises purent-elles se rétablir un peu, après leurs efforts et leurs marches fatigantes, mais les provisions n'abondaient pas.

En outre, Stenbock était dans une grande pénurie d'argent, chose indispensable dans un pays neutre.

Parfois les troupes se procuraient des vivres par la force, et bien que de tels actes fussent punis avec sévérité, il n'était pas possible d'éviter les plaintes des habitants.

Aussi le gouvernement ducal se montra-t-il moins amical, plus tiède dans le concours qu'il apportait à fournir des provisions.

Parallèlement à ses opérations, les négociations pour la paix se poursuivirent, mais sans résultat.

Flemming avait fait occuper inopinément par quelques troupes légères de Saxe et de Russie, la ville de Güstrow, et paraissait disposé à attaquer les positions avancées des Suédois à Warna.

Il avait son quartier général à Wadan ;

son front était en partie couvert par la rivière de Nebel et les marécages avoisinants.

Le prince de Weissenfeld, à la tête d'environ 6,000 hommes, vint se mettre en ligne sur son aile gauche et se porta près de Jamen.

Néanmoins l'armée ennemie n'était pas concentrée ; d'ailleurs, son commandant était fort peu disposé à une attaque générale.

On prolongeait donc des deux côtés les négociations dans le seul but de gagner du temps.

Qui fit le premier pas ? Il est malaisé de le dire.

Dans ses *Rapports*, Stenbock affirme qu'il n'épargna rien pour dissuader le roi Stanislas de faire la paix avec le roi Auguste, et que ce fut en vain.

L'historien Loenbom, à qui nous devons l'original de la correspondance entre Flemming et Stenbock, nous porte à croire que le premier pas fut fait du côté de la Suède.

S'il en est ainsi, — et la chose est probable, — Flemming donna vivement la réplique.

Un nouveau rendez-vous fut fixé.

On y invita aussi l'envoyé à Hambourg,

Wellingk; mais après avoir consenti, il hésita au dernier moment, par crainte d'irriter le roi Charles, et cette crainte était bien fondée, comme il est aisé de le voir dans plusieurs de ses lettres à Stenbock, en décembre 1712.

Cependant le tsar Pierre, furieux de l'audace et du succès des manœuvres exécutées par Stenbock, et craignant de voir Auguste et Stanislas conclure la paix pour leur compte, ne voulait rien entendre aux propositions de rendez-vous en personne.

Il insistait pour qu'on menât la guerre avec la dernière énergie.

Des escarmouches de plus en plus fréquentes avaient lieu entre le chef polonais Swiégelsky et les troupes russes qui continuaient à se rapprocher.

Sur l'aile droite de l'armée suédoise, la cavalerie danoise de Lauenburg devenait menaçante, en même temps qu'on recevait de Suède des nouvelles peu propres à faire espérer l'arrivée de nouveaux transports.

Il était nécessaire d'agir avec hardiesse et résolution.

Et dans l'esprit inventif de Stenbock surgit l'idée d'attaquer Güstrow et l'aile droite de l'ennemi.

Il avait à ce moment-là rassemblé assez de provisions pour dix jours, envoyé à Wismar tous les malades, et son gros équipage.

Dans un conseil de guerre tenu le 9 novembre, il fit connaître ses projets qui furent unanimement approuvés par les généraux, malgré les difficultés qui frappaient l'attention.

On devait franchir la Warna près de l'ancien couvent de bénédictins de Rühn ; puis, l'armée se porterait par une marche rapide au nord de Gustrow, si les marais de cette localité pouvaient être franchis.

L'on traverserait Krakow et Waldershagen pour se diriger vers Teterow.

De là on tenterait de prendre en flanc les Saxons et les Russes.

On abandonnerait à leur sort Wismar et Stralsund avec leurs faibles garnisons, avec l'espoir qu'elles ne tarderaient pas à recevoir des secours de Suède.

Enfin, on comptait marcher avec tout ce qu'on aurait de troupes disponibles, sur la

Pologne , premier objet, but réel de l'entreprise.

Le général Düker, et sous ses ordres le major-général Marschalk , et le colonel Bassewitz, se proposaient d'utiliser les gués de rivières et les régions adjacentes.

Avec une escorte de cent hommes, il se rendit à Rühn, mais par malheur, ce fut pour trouver la rivière très haute, par suite des grandes pluies d'automne, tout le pays environnant réduit à l'état de marécage, pendant que l'ennemi était sur le qui-vive, et marchait en avant.

Aussi désapprouva-t-il énergiquement l'entreprise.

Il ajouta que, même si l'on réussissait à passer la Warna , on trouverait l'ennemi occupant des positions excellentes en arrière des rivières de Nebel et de Rekenitz, qu'il ne serait pas possible de l'y contraindre au combat avant les premières gelées.

On ne pouvait se refuser à écouter un militaire aussi hardi, aussi habile que l'était Düker.

Mais d'autres plus redoutables obstacles en

core, des obstacles politiques, avaient surgi, bien que les historiens n'en aient tenu aucun compte.

Ils avaient leurs sources dans les personnalités en scène et dans l'état général des choses.

Loin de changer d'avis, le roi Stanislas s'était de plus en plus confirmé dans sa résolution.

Il insistait, avec une énergie, une persévérance peu ordinaires chez un souverain comme lui, pour qu'on envoyât à Bender, en vue de la ratification du traité de paix, un personnage influent, et de préférence un militaire, au roi Charles.

Le roi de Pologne ne tarderait pas à partir ensuite, dans l'espoir de dissuader Charles de toute résistance.

Stenbock choisit donc pour cette mission épineuse le lieutenant-colonel Taube, soldat qui jouissait de la plus grande considération et dont le caractère inspirait une confiance absolue.

Un tel homme, parlant en témoin oculaire, était en mesure de faire connaître la situation

de l'armée et les chances de la future campagne.

Il chargea, en outre, cet officier de visiter,
en route, les cours de Schwerin et de Berlin,
en vue d'obtenir certaines faveurs pour l'armée suédoise, pour ses cantonnements, et
pour qu'elle pût traverser librement la Prusse,
en se rendant en Pologne.

Je dois dire en passant que, malgré
d'actives recherches, je n'ai pas découvert
la moindre indication qui puisse faire croire
que le choix de Taube était motivé par une
jalousie entre lui et Düker, ou que ce dernier
fût mécontent de se trouver sous les ordres
de Stenbock.

Ces deux assertions manquent de toute
base.

La lettre que Taube devait remettre à
Charles se trouve aux Archives Royales;
elle est datée du 4 novembre et du quartier
de Schwan.

L'aide donnée aux alliés par le roi
Frédéric Ier fournissait de très bons motifs
pour lui demander le libre passage par la
Prusse; mais lorsque Taube, accompagné de

l'envoyé de Suède Friesendorf, présenta la
même demande, en y joignant une lettre où
Stenbock sollicitait du roi un traitement
pareil, le gouvernement prussien s'indigna
bruyamment, se plaignit de ce qu'on lui
adressait « des menaces » et multiplia ses
déclarations de neutralité.

Le roi de Prusse écrivit même à Stenbock
deux lettres datées de Cölln-sur-la-Sprée,
l'une du 15 et l'autre du 19 novembre, où il
lui dit :

Comme il est notoire que le corps de Crassau,
en faisant sa campagne de Pologne, a *de facto*
traversé le pays, le roi s'est vu obligé d'étendre
la même faveur aux alliés du Nord, afin d'observer la stricte neutralité qu'il avait adoptée dans
cette guerre.

Il désirait que la chose ne se renouvelât point.

Il pourrait certainement, sous des réserves
déterminées, permettre un passage (*innoxum
transitum*) si cela était absolument nécessaire,
mais il ne saurait admettre un séjour quelconque
et moins encore qu'on se livrât bataille en dedans
des frontières prussiennes.

En ce dernier cas, il serait contraint de répondre à la force par la force.

Il concluait en exprimant l'espoir que Stenbock

ne l'obligerait pas à des hostilités ouvertes en méconnaissant ses bonnes intentions.

Ce langage et d'autres propos analogues montraient clairement que, sans une première victoire, le passage à travers la Prusse offrirait quelques risques, si même l'on n'était point exposé à avoir un nouvel ennemi sur les bras.

Il arrivait en même temps de pays plus éloignés, c'est-à-dire de Hollande et d'Angleterre, des avis témoignant de l'anxiété causée par la marche qu'on se proposait de faire à travers la Prusse, et des complications qui pourraient en résulter et avoir une influence défavorable sur la guerre de la succession d'Espagne.

Mais la Cour de Prusse donna à entendre aux négociateurs qu'il était désirable de conclure une trêve, pendant laquelle on engagerait des pourparlers sérieux en vue de la paix, et qu'elle se *déclarerait contre quiconque s'y opposerait*.

Cette nouvelle fit une impression profonde sur Stanislas.

Comme toujours, il voulut avoir l'avis de

Stenbock, et celui-ci prépara un mémoire daté de Schwan, 10 novembre, où il laisse voir clairement l'hésitation dont il était tourmenté.

Il se déclare résolu à combattre jusqu'à la mort, et fermement convaincu « que Sa Majesté, mon très gracieux Roi, ne consentira jamais, dût-il vivre éternellement, à sanctionner quoi que ce soit, en opposition avec la paix d'Alt-Ranstadt, pour maintenir sur le trône le roi Auguste » et que dès lors le roi (de Suède) envisagerait avec défaveur toute trève qui conduirait forcément à la paix.

Il conclut en laissant toutes choses au gré de Stanislas et de ses mûres réflexions, mais il se borne à demander des ordres formels.

Le roi Stanislas répondit à ce mémoire, dès le lendemain, en faisant connaître sa résolution, qu'il confirma ensuite par une lettre datée du 24 novembre.

Il avait, disait-il, pris le parti inébranlable de se sacrifier entièrement pour le roi Charles, de sauver le pays de celui-ci, et de rendre la paix au sien propre.

Aussi n'avait-il aucune hésitation malgré le désir de se battre que manifestaient généraux et armée.

Il trouvait la situation des choses telle que la frontière de Pologne ne pouvait être atteinte qu'au prix des plus grandes difficultés, au risque même d'un anéantissement complet.

Il allait donc sans délai conclure une trêve, et en informer le roi Charles.

Il n'y avait plus d'autre issue possible, maintenant surtout que l'ennemi paraissait disposé à accepter les propositions de la Prusse, dans l'espoir que la Suède refuserait d'y adhérer et se ferait ainsi de la Prusse même un nouvel ennemi.

La Suède restait sans amis, et si l'on ne se hâtait de se faire des amis par des procédés bienveillants, on pourrait se voir forcé de subir une paix humiliante.

Stenbock était donc invité à entrer sans délai en pourparlers avec le comte Flemming, en vue d'une trêve, où l'on trancherait les questions suivantes :

1° La ligne de démarcation entre les territoires qu'occuperaient les armées ;

2° l'arrêt dans la marche des Danois ;

3° l'autorisation accordée à un nouveau transport suédois, de débarquer sur le territoire allemand, et le renforcement des garnisons de Stralsund, Stettin, Wismar et Rostock ;

4° la conclusion d'une trêve dont la durée serait de quatre mois pour donner au roi le temps d'envoyer sa réponse de Bender ;

5° la liberté de parcours pour les courriers des deux côtés.

Nul doute que les intentions du roi Stanislas ne fussent sincères ; mais nous avons bien le droit de nous demander quelles chances de succès pouvaient avoir des négociations engagées dans de telles conditions.

Néanmoins, pour déférer à ces ordres sans réplique, deux officiers supérieurs furent expédiés à Flemming, qui leur fit très bon accueil, et ne souleva de difficultés que sur la durée de la trêve.

En effet, il était parfaitement clair que

quinze jours plus tard, quand l'armée danoise serait prête à entrer en ligne, il aurait le champ libre.

Cela, Stenbock le voyait aussi.

En conséquence, il fit de nouvelles repré sentations à Stanislas, et y joignit une lettre que l'envoyé Friesendorf venait de recevoir du roi Charles.

Cette lettre renouvelait en termes impé ratifs l'interdiction de reconnaître Auguste comme roi, « cette reconnaissance étant une chose à laquelle Sa Majesté ne donnerait jamais sanction ».

Mais Stanislas resta ferme dans sa décision.

Il fut impossible de l'y faire renoncer, et l'on convint d'un rendez-vous avec le comte Flemming à Lüssow, petite ville du Mecklembourg, voisine de Güstrow, pour le 14 novembre.

Le matin de ce jour, avant que Stenbock partit pour s'y rendre, on tint un autre conseil de guerre.

Stenbock y expliqua en détail la situation de l'armée. Le roi Stanislas lui réitéra les ordres d'ouvrir les pourparlers en vue d'une trêve de trois mois.

Alors Stenbock monta à cheval pour se rendre à Lüssow, mais comme le roi Auguste devait être présent à l'entrevue, ainsi que le prince Mentchikoff, Stanislas se tint à l'écart. Stenbock fut reçu courtoisement et même il put discuter les conditions, mais le seul résultat qu'il obtint fut une trêve de quatorze jours, qui permettrait à Stanislas de partir, et donnerait le temps de s'informer des vues du tsar, tout en laissant espérer une trêve plus longue et des conditions de paix acceptables.

Stenbock, revenu dans la soirée à son quartier général de Schwan, fit connaître l'issue de sa mission.

Le colonel Bassewitz fut envoyé pour définir les conditions d'une manière plus précise.

Mais cette entrevue n'amena aucun résultat décisif. Dans une lettre, Stenbock se plaint que Flemming n'ait pas tenu sa promesse de rompre avec les Russes à la première occasion.

Mais Stanislas ne voulut pas attendre un moment de plus, et après avoir fait ses adieux à l'armée en termes pleins de chaleur, il se rendit à Berlin, le 18/29 novembre.

Il laissa le commandement en chef à Stenbock.

Stanislas emportait avec lui des lettres de l'armée, qui en peignaient la situation sous de vives couleurs.

Le malheureux monarque hâta sa marche, mais il n'arriva à Bender que juste trois mois plus tard (1).

A cette époque, le roi Charles était déjà à Démotica, et les circonstances avaient empiré ; l'avenir était plus sombre que jamais. Mais l'histoire doit rendre un juste hommage au noble désintéressement de Stanislas, tout en reconnaissant franchement que les négociations qui valurent ensuite, à Stenbock, la disgrâce de son souverain, ne sauraient lui être imputées, mais qu'elles furent

---

(1) Il peut être intéressant de dire que, lors de son retour, le roi Charles parcourut à cheval la distance de Pitesti en Valachie, à Stralsund, en 16 jours, et celle de Vienne à Stralsund en 8 jours.

dirigées loyalement et selon les vues exprimées en termes formels par les instructions
qu'il reçut.

Le lendemain du départ du roi Stanislas
fut conclue une trêve, du 1er au 14 décembre, par les commandants suédois, saxon,
russe et danois.

On convint des emplacements qu'occuperaient les armées pendant la trêve, et les
deux armées eurent le droit d'envoyer des
missives, confiées à des courriers dûment
pourvus de passeports.

Pendant ce temps, Stenbock dépêchait un
exprès à Wellingk, envoyé suédois auprès
de la ville de Hambourg, pour l'informer de
sa situation et lui demander des conseils et
de l'argent.

Il tenta d'ouvrir des pourparlers, séparé-
ment, avec le roi de Danemark, sous prétexte d'un échange de prisonniers; mais il
n'y réussit pas : la crainte maintenait l'union
parmi les alliés.

En outre, par une lettre de Stenbock à
Charles, nous apprenons que, malgré la
trêve, des troupes danoises franchissaient la

Trave dans le but de faire leur jonction avec l'aile ouest des Saxons.

Le 9 décembre, le tsar Pierre arriva en personne de Carlsbad à Güstrow.

Il s'en était fallu de bien peu que, malgré son escorte de Prussiens, il ne fût fait prisonnier, en route, par une troupe de cavaliers suédois en promenade.

Sa Majesté s'était installée au village de Lage, voisin de Güstrow (1). Il revenait plein d'entrain et d'humeur plus batailleuse que jamais.

Il eut une entrevue avec le roi Auguste, et cela mit fin à la trêve.

Les épées sortirent encore une fois du fourreau, et le général suédois se prépara, de son côté, à la bataille sans perdre un instant.

Stenbock décida donc de se porter sur Gadebusch.

A Mühlen-Riten, on fut informé des mouvements de l'ennemi, tant par des espions que par des prisonniers.

---

(1) *Leben Czar. Peters des Grossen*, par Von Halem, tome II.

Au nombre de ces derniers se trouvait un major général danois, porteur d'une lettre adressée par le tsar au roi de Danemark, et l'invitant à se joindre, sans plus tarder, aux autres alliés.

La mise en route et les marches rapides de l'armée suédoise avaient causé une grande surprise au quartier général des alliés.

Mais on s'abandonnait, généralement, à l'espoir que Stenbock se laisserait enfermer dans Wismar, où il serait bientôt forcé de capituler.

Flemming, devinant les plans du général suédois, agit avec énergie, et Stenbock ne tarda guère à s'en apercevoir.

Aussi se hâta-t-il d'exécuter un rapide mouvement de flanc qui, d'une part, devait le porter sur le flanc de l'armée suédoise et, d'autre part, empêcher la cavalerie saxonne d'opérer sa jonction avec les Danois.

La date du 9 décembre 1712 est marquée en rouge dans nos éphémérides, car en ce jour-là les troupes suédoises remportèrent une victoire éclatante, la dernière après tant d’autres si glorieuses, et elles luttèrent sans avoir d’alliés.

Nous nous attardons avec une préférence toute naturelle sur cet événement, et nous rappelons avec fierté le souvenir des patriotes morts, il y a bien longtemps, de ceux dont les habits si simples couvraient les cœurs les plus nobles et les plus braves, de ceux qui, en ce jour, conduisirent à la victoire l’armée suédoise.

Néanmoins, les résultats de la bataille de Gadebusch ne furent pas aussi *grands* que beaucoup l’avaient espéré.

Pendant les années malheureuses de sa vie, Stenbock a été blâmé de sa prétendue inaction après la bataille, et aussi pour s’être laissé attirer dans le Holstein.

L’infanterie et l’artillerie danoise étaient détruites, mais la cavalerie des Danois et des Saxons n’était que dispersée.

En bien peu de temps, l’ennemi, renforcé par les Russes, put remettre en ligne une armée de 20,000 hommes, tandis qu’à la fin de décembre Stenbock n’avait plus que 10,000 hommes valides.

Avant qu'on eût pu atteindre les Russes, ils avaient réussi à réoccuper leurs fortes positions à Güstrow, et il aurait fallu, après des marches fatigantes, livrer sur ce point une autre bataille à ces Russes soutenus, en arrière, par la cavalerie des Danois et des Saxons.

La Fortune, si favorable aux audacieux, aurait peut-être secondé une telle entreprise, et, selon certaines gens, il faut tout faire pour vaincre. Mais telle n'était pas la manière de voir de Stenbock.

Le comte Wellingk lui donnait aussi le conseil de brûler la ville d'Altona, dans le cas où l'armée pénétrerait immédiatement dans le Holstein.

A cette époque, le Holstein était administré par le duc Christian-Auguste, oncle du duc Charles-Frédéric, qui était élevé en Suède.

Le duché devait donc être considéré non seulement comme un État neutre, mais même comme un État allié.

Il peut se faire que l'affreux conseil de brûler Altona ait été donné de bonne foi; mais il était des plus regrettables.

Stenbock, après avoir consulté ses généraux, décida de suivre ces conseils, car Wellingk était un politique expérimenté et lui
avait été désigné, dès le début, comme conseiller dans les choses politiques.

Stenbock hésita, et même il se rendit à
Hambourg pour se faire donner pour son
horrible tâche les instructions écrites de
Wellingk, mais cet astucieux politicien s'y
refusa et se borna à insister verbalement
sur la nécessité d'incendier la ville, ce qui
aurait pour effet d'affaiblir le Danemark
pendant une trentaine d'années et empêche·
rait l'armement de la flotte.

Stenbock n'eut plus d'autre parti à prendre que celui d'obéir.

Il ne resta debout qu'une centaine de mai-
sons, les plus pauvres. Bien des personnes
périrent dans l'incendie.

Stenbock était accablé, sombre. Il n'avait
jamais approuvé un tel acte, et cela résulte
évidemment des récriminations pathétiques
que l'on trouve dans son journal.

Le gouvernement du Holstein, dont l'âme
était le fameux baron de Görtz, ne souhaitait

pas de voir écraser la Suède et disparaître ainsi la barrière qui le protégeait contre le Danemark.

Des offres d'assistance furent donc faites, et alors parut, pour la première fois, le nom fatal de Tönningen.

Stenbock fut invité à se jeter, avec son armée, dans cette place forte du Holstein ; et si l'on envisage les difficultés extrêmes dont il était environné, ses faibles ressources en argent et en approvisionnements, on voit qu'il n'avait pas le choix d'un autre plan.

On se berçait aussi de l'espoir que l'on recevrait les secours de l'Angleterre et de la Hollande, de manière que l'armée pût rentrer en Suède par les Détroits ; il est même établi que la reine Anne avait promis d'envoyer l'amiral Leake dans les eaux scandinaves, etc.

Mais le secours n'arriva point.

Les armées bloquèrent la place et alors commença un siège que Stenbock soutint vaillamment pendant plusieurs mois.

Il ne se rendit avec sa petite armée qu'après une héroïque résistance.

Le 16 mai 1773, l'acte de capitulation fut signé.

Le vaillant général fut envoyé comme prisonnier à Husum et de là à Copenhague, où il languit longtemps en prison, et enfin, il y mourut.

Ainsi se termina tragiquement la vie héroïque d'un des plus grands soldats qu'ait jamais possédés la Suède.

IV

Notre tâche est terminée.

Nous avons suivi le noble Stenbock et ses fidèles compagnons d'armes depuis l'heure où ils firent leurs adieux à leur pays jusqu'à celle où ils furent contraints de déposer les armes qu'ils avaient portées si glorieusement pour eux et pour la Suède.

Il ne rentre pas dans notre cadre d'accompagner plus loin les restes des braves régiments.

Nous n'avons pas davantage à faire à chacun la part des fautes qui lui revient — soit aux gouvernements suédois et danois, soit même à Stenbock, dans les résultats définitifs de leur fortune.

Nous savons que le feld-maréchal finit par

mourir dans un humide et sombre cachot de la citadelle de Copenhague.

Les régiments qu'il avait commandés furent licenciés. Les soldats qui ne réussirent pas à s'enfuir périrent, de faim, de maladie, de misère. Après la paix, il n'en revint qu'un petit nombre et un petit nombre d'entre eux furent échangés.

Le gouvernement du Holstein ne gagna certainement pas grand'chose à se montrer tiède dans son assistance et d'une lenteur suspecte dans son intervention et ses mesures pour l'échange après la capitulation.

Les récits, qu'on trouve dans nos historiens, indiquent quel profit Görtz tira de son double jeu à la fin de cette période.

Ne peut-on pas reconnaître, dans la terrible fin du scélérat holsteinois, décapité comme complice du prétendu assassinat de Charles, une punition divine pour sa trahison envers ses amis (1)?

Nous laisserons à d'autres la réponse et

(1) Voir appendice nº 6.

nous déposons la plume en nous félicitant de n'avoir pas à ajouter de nouvelles ombres au tableau.

Nous préférons nous tourner vers les perspectives plus brillantes qui s'élèvent devant nous quand nous considérons l'avenir. C'est une véritable consolation que l'espérance de voir close à jamais l'ère des calamités que nous avons causées à nos frères scandinaves par des guerres haineuses et destructrices.

Une époque nouvelle se lève sur nous, comme une aurore.

Saluée par des peuples libres et heureux, cette aube a dispersé les nuages de la discorde et promet des temps plus prospères au Nord scandinave.

Puisse l'histoire conserver éternellement dans son sanctuaire les grandes actions de la Suède.

Que le peuple suédois marche en avant, libre et plein de confiance, à travers les péripéties futures et que ses pas ne cessent de s'affermir, à mesure que se rapprochera le but que lui assigna la Providence.

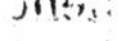

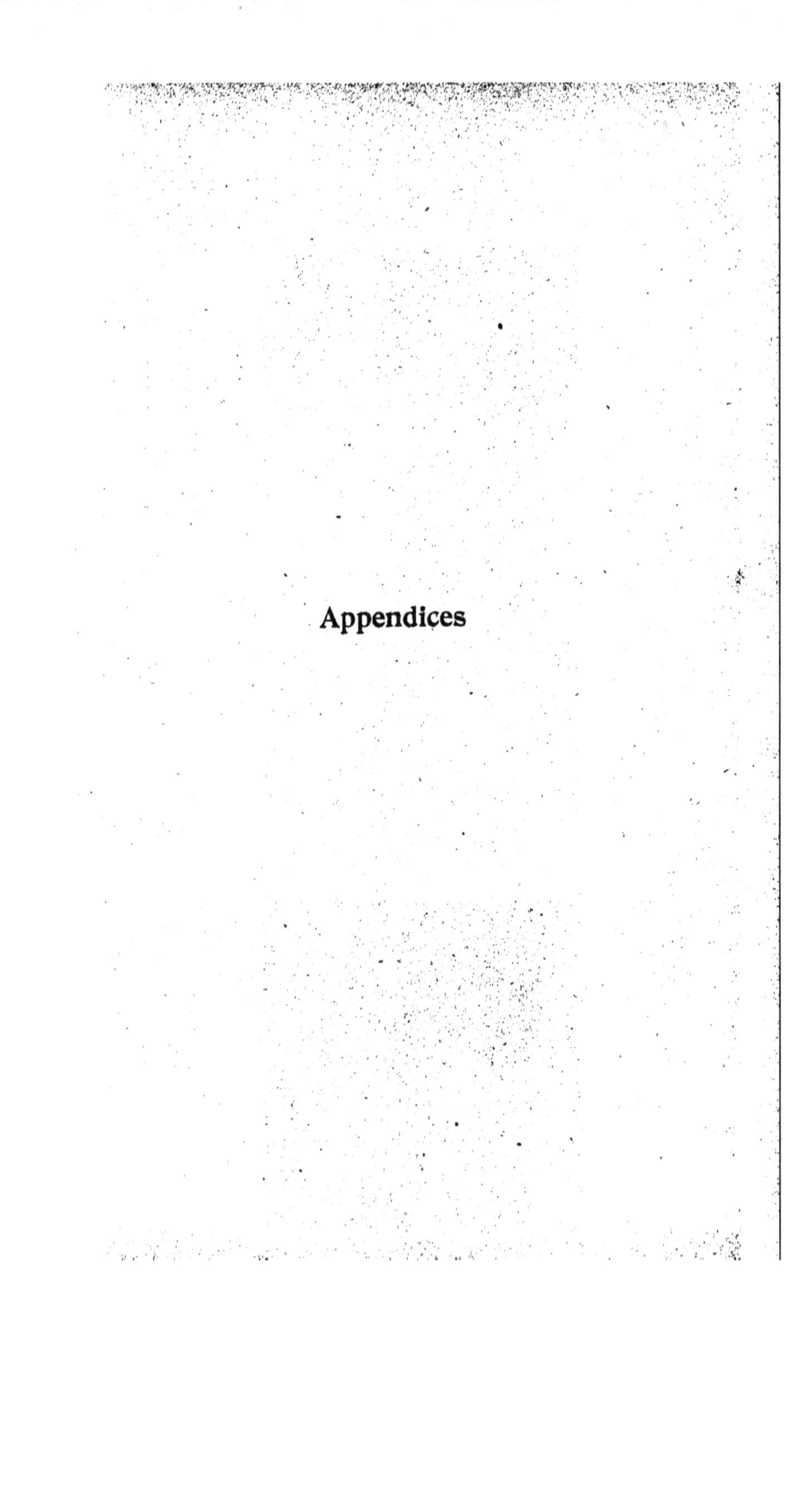

Appendices

APPENDICES

M. Carl Hallendorff a publié à petit nombre, dans un
recueil universitaire suédois, d'après un manuscrit de la
Bibliothèque de Linköping, les notes rédigées par Ture
Gabriel Bielke « pour obéir aux ordres de la reine ».
Vers 1759-1762, cet ancien officier de Charles XII,
d'ailleurs sans prétentions littéraires, écrivit le récit de
ce qu'il avait vu et entendu de la carrière de son auguste
souverain.

Élevé au métier de la guerre, j'ai toujours regardé la qualité d'auteur comme étrangère à ma
profession.

Dans le récit, j'ai effleuré le gros des événements, dont le règne de mon héros a fourni plusieurs volumes, et je ne m'en suis servi que pour
amener, avec quelque liaison, les faits particu-
liers qui semblent avoir échappé à l'attention et
aux recherches des auteurs en tout ou en partie.

Informé des intentions de Votre Majesté, je me
suis attaché presque uniquement aux détails qui
intéressent le plus par les rapports qu'ils ont à la
personne du monarque, objet le plus précieux

pour un sujet qui a eu le bonheur de l'approcher
assez souvent.

Pour les opérations militaires, partie si essentielle de cette histoire, je me suis fait fort d'ajouter aux relations des autres ce que la situation
d'officier subalterne, qui ne peut pas porter sa
vue bien loin de son poste, m'a permis d'observer
alors et ce que l'âge et une mémoire affaiblie par
l'intervalle de cinquante ans plus ou moins, me
permettent à présent de me rappeler d'avoir vu
ou entendu sur les lieux mêmes. Mais, comme je
ne suis entré en service que vers l'année 1704, je
n'ai pu reculer plus loin l'époque de mes obser-
vations.

APPENDICE N° 1

LE CARACTÈRE DE CHARLES XII

Le caractère élevé de ce prince s'est développé et soutenu dans toutes les actions de sa vie. J'ai cru devoir relever les portraits, que les auteurs (1) en donnent, par ce peu de traits.

Lorsqu'il donnait des ordres de bouche, seul ou en présence de témoins, et qu'on faisait de son mieux pour les exécuter fidèlement, quelle qu'en pouvait être la réussite, on pouvait toujours s'assurer d'être soutenu tout aussi bien que si l'on avait eu les ordres les plus positifs signés de sa main.

Il ne daigna jamais prêter l'oreille aux faux rapports qui pouvaient nuire à des personnes absentes; surtout s'il connaissait ceux-ci, d'ailleurs, et s'il les trouvait à son gré. Aussi les rapporteurs n'avaient pas beau jeu avec lui.

---

(1) Entre autres voyez Nordberg, *Histoire de Charles XII*, t. II, p. 685 (édition suédoise); et le Sr de la Mottraye, *Voyages*, t. II, p. 10.

Mais, d'un autre côté, en cas que quelqu'un fût
assez malheureux pour encourir une fois sa disgrâce, malheur qu'il ne devait attribuer qu'à une
mauvaise conduite et à des raisons très fortes,
on n'a point d'exemple qu'il s'en soit jamais
relevé.

C'est ce qui est confirmé entre autres par la
disgrâce du major général L...

Il avait été assez heureux de posséder pendant
plusieurs années les bonnes grâces du roi, jusque là même que ce prince le justifia souvent
contre des accusations dont on n'avait peut-être
pas tort de charger sa conduite. Sa Majesté l'ayant
enfin éclairée de près et ne trouvant pas qu'elle
répondait à sa confiance, en conçut un mécontent-
tement qui n'éclata pourtant pas, qu'après son
arrivée à Bender, où le général s'émancipait un
jour dans l'appartement et en présence du roi, en
attaquant avec des expressions offensantes et
injurieuses le colonel Grothusen (1), à cause de la
jalousie qu'il avait conçue contre cet officier.
Après s'être retiré, il reconnut sa faute, et retourna
chez Sa Majesté pour en demander grâce. Mais il
n'eut point d'autre réponse, sinon « qu'il avait
très mal fait et que Sa Majesté admirait la contenance de M. Grothusen ». Et, comme Elle se
lassait de toutes les extravagances qu'il avait
commises, Elle lui ordonna de se retirer pour ne
jamais plus paraître en sa présence.

---

(1) Depuis mort major général à l'affaire de Strenau.

Comme il n'y avait plus de grâce à espérer,
malgré plusieurs intercessions qu'il put faire,
le général s'apprêta à retourner en Suède et
engagea son confesseur (1), premier aumônier du
roi, comme une dernière ressource, à intercéder
pour lui, sous prétexte qu'il avait dessein de com-
munier avant que de partir, mais qu'il ne pouvait
pas le faire tant qu'il savait que son roi était irrité
contre lui. Alors Sa Majesté répondit, et sans le
moindre signe de colère, gracieusement, à l'aumônier, « que cela ne devait pas l'arrêter dans
son propos, car quoiqu'Elle fût en droit de punir
les fautes de ses sujets, Elle ne leur en gardait
jamais de rancune personnellement ».

De tous les vices, le caractère d'homme intéressé était celui que ce prince avait le plus en
aversion. Il aurait plutôt, pour ainsi dire, passé
à un homme intègre quelque manque de courage
dans les occasions, défaut qui, sans cela, n'était
guère rémissible, qu'il n'aurait pardonné au plus
brave de s'être laissé surprendre à donner des
marques d'une âme vile et intéressée, soit envers
ses égaux, soit envers ses inférieurs.

On en a, entre autres, une preuve parlante dans
l'affaire du lieutenant général Lybecker, qui fut
cité par-devant un conseil de guerre pour s'être
mal conduit pendant le commandement qu'il avait
eu en Finlande.

Lorsque après la sentence prononcée, le sénateur

_____

(1) Aurivillius.

comte Liewen, pour lors lieutenant général, étant du nombre des juges, vint faire sa cour, le roi lui demanda comment s'était fini le procès. M. Liewen ayant répondu « que M. Lybecker était condamné à perdre la vie trois fois », Sa Majesté demanda, toujours en souriant, « combien de vies il avait à perdre et en quoi consistaient ses fautes? »

M. Liewen répliqua « qu'il était convaincu de trois crimes énormes dont chacun méritait la mort, premièrement d'avoir été intéressé dans sa conduite ».

Le roi, en l'interrompant avec un grand sérieux, dit :

— Cela est capital : ainsi la sentence est fort juste.

— Après, continua M. Liewen, d'avoir manqué à son devoir dans le commandement.

Sa Majesté ajouta :

— C'est mal fait.

— Enfin, poursuivit M. Liewen, d'avoir commis le crime de Lèse-Majesté en parlant mal de son roi.

— Oh ! pour le coup, dit le roi toujours en souriant, il n'aurait pas fallu le condamner, car si tous ceux qui se rendent coupables envers nous de cette manière étaient punis de mort, il ne resterait pas, après cela, beaucoup de gens en vie en Suède.

La sentence du conseil de guerre, ayant été présentée à Sa Majesté, Elle accorda le pardon

audit général en lui donnant la liberté de se retirer sur ses terres pour le reste de ses jours,
apparemment parce que le roi le connaissait
pour avoir bien servi autrefois pendant qu'il était
lieutenant-colonel du régiment des gardes du corps.

Quoique revêtu de l'autorité absolue, le roi
observait, la plupart du temps, l'ancienneté dans
sa distribution des charges. Dans celles de l'état
civil, il y aurait un grand nombre d'exemples à
reproduire, mais pour ce qui est du militaire, j'en
citerai seulement deux qui ne laissent pas d'être
remarquables.

Le feu sénateur comte Hard, étant lieutenant
des Darbans (1) et très bien auprès du roi, n'eut
pas la place de capitaine-lieutenant vacante par la
mort du major-général Wrangel, tué à la bataille
de Holofczin, parce qu'il était des plus jeunes
colonels dans l'armée ; mais, en échange, il fut
fait le premier lieutenant et, de deux qu'ils étaient
auparavant, le roi en fit encore un troisième pour
lui conférer le commandement du corps sans
préjudice aux droits des plus anciens colonels.

Voici l'autre exemple :

A la bataille de Fraustadt, le major-général
Buchvaldt fut blessé de façon qu'il en mourut
quelques mois après, et son lieutenant-colonel
Cronhjelm resta mort sur la place.

Le major du même régiment, Wrangel, officier
de mérite, aussi dangereusement blessé, rem-

---

(1) Darbans ou trabans, les hallebardiers.

plaça, à la vérité, le dernier; mais comme il avait été nouvellement nommé lieutenant-colonel, il n'obtint pas le régiment devenu vacant par la mort de M. Buchvaldt. Il eut pourtant la satisfaction que Sa Majesté ne lui donnât point de colonel et qu'il commandait ainsi le régiment jusqu'à ce qu'il fut tué environ trois ans après la mort de son général, le roi lui laissant, pendant tout ce temps-là, les agréments et les quartiers de colonel outre ceux qu'il avait déjà comme lieutenant-colonel.

On n'a guère vu de discrétion pareille à celle qui entrait dans la composition de ce grand caractère.

Quelque chose qu'on osât lui confier sous le sceau du secret, quand même ç'aurait été quelque grand crime, on n'avait rien à craindre et on pouvait compter sûrement de n'être point décelé.

En voici une preuve :

Un baron Creütz, darban, fils du général, eut à Bender une affaire avec un de ses camarades, qu'il tua.

Le roi en ayant été informé, donna commission au comte T. Bielke, qu'il savait être ami du père, pour lequel Sa Majesté avait une grâce particulière, de tâcher de le retrouver et de lui procurer quelque sûreté.

Celui-ci, en conséquence de ces ordres, rendant compte à Sa Majesté de sa commission et lui apprenant que Creütz était blessé, Elle ordonna

qu'il eût à tenir l'affaire secrète et à ne s'en ouvrir
à personne, et donna en même temps de l'argent
pour sa subsistance et pour le faire soigner, voulant avoir rapport journellement de son état.

En attendant, le conseil de guerre examina l'affaire et le condamna à mort, quoique la sentence
n'en fut pas prononcée, Creütz ayant obtenu un
sauf-conduit sur la requête qu'il en avait fait présenter au roi.

Il ne put pourtant pas s'en servir, le kalabalik
de Bender étant survenu. Mais, avant que Sa
Majesté fût conduite à Démotica, Elle fit confi-
dence de l'endroit où Creütz se trouvait à
M. Fabrice, alors ministre de Holstein, le chargeant non seulement d'en faire prendre soin et de
le faire partir avec l'exprès qu'il envoyait en
Allemagne, mais encore de le défrayer jusqu'en
Poméranie et de lui donner, en le quittant,
quelques centaines de ducats de la part de Sa
Majesté.

Lorsqu'Elle revint à Stralsund, Creütz s'y rendit
de Suède et, comme il fut derechef condamné par
un nouveau conseil de guerre, le roi lui fit donner de l'argent pour aller en France et lui accorda
encore sa recommandation à M. de Lenck, sur
laquelle il y entra en service et n'en revint qu'après
la mort du roi, ayant obtenu son pardon au couronnement de feu Sa Majesté la reine.

Généreux autant qu'un prince le peut être, le
roi n'aimait pas à en faire parade, ne voulant que
personne ne s'aperçût de ses bienfaits, hors celui

sur qui il les répandait, qui n'avait pas même la permission de l'en remercier en présence de tiers.

Depuis son retour en Suède, il portait ordinairement sur lui trois ou quatre cents ducats dans de petites bourses, dont chacune en pouvait contenir depuis dix jusqu'à cinquante.

Les soirs, cet argent se trouvait, pour la plupart, tout distribué, sans qu'on pût savoir qui avait eu part à la générosité de Sa Majesté, celui à qui Elle mettait une bourse dans la main (ce qui se fit en passant) n'en devant pas seulement faire la révérence pour que personne n'y prît garde. Le page de la chambre Mannerstjerna, qui dirigeait la caisse des menus plaisirs, avait soin tous les soirs, après le déshabillé, d'examiner les poches et de les remplir derechef dès qu'il les trouvait vides.

Avant ce temps, Sa Majesté ne portait d'ordinaire rien sur Elle que le Quinte-Curce, en forme encore plus petite que celle de seize, comme on l'appelle, et le portrait de Gustave-Adolphe en émail, qu'Elle ne quittait jamais.

Ce prince possédait des connaissances fort étendues en toutes sortes de matières et raisonnait sur quelque sujet que ce fût avec une précision et des lumières qui étonnaient même ceux du métier à qui il parlait. Depuis le dernier des ouvriers jusqu'à l'homme le plus savant, ils trouvaient, chacun dans sa profession, de quoi admirer cette vaste érudition et ce génie supérieur.

M. Polheim et le conseiller de Cassel-Hein, entre autres, étant arrivés à Lund pendant le séjour que Sa Majesté y fit, en furent convaincus par une expérience qui ne les surprit pas peu, en ce qui regarde les mathématiques et les sciences les plus abstraites (1).

Mais ce fut principalement en fait de guerre que son esprit se donnait le plus de carrière. Il parlait des rencontres, des sièges, des batailles, d'une manière à imposer silence aux généraux les plus expérimentés. Sa théorie en était des plus parfaites, mais quant à la pratique, Sa Majesté trouva bien souvent à propos de ne pas suivre à la rigueur et au pied de la lettre les principes qu'Elle savait étaler avec tant de justesse dans la conversation.

S'il arrivait que quelqu'un voulait se donner des airs en sa présence et parler de ses talents et de ses hauts faits, il fallait prendre bien garde de n'y point mettre de la broderie, car Sa Majesté savait alors lui faire tant de questions et le tourner de tant de côtés, avec le plus grand sangfroid du monde, qu'il ne pouvait pas manquer à la fin d'en être démonté, de sorte qu'il n'en remportât que de la confusion, sans qu'il parût avoir été l'intention du roi de le pousser à bout. Au reste, s'il y avait quelque chose de bon et d'utile dans ces avis, quoique hasardés d'une manière indis-

---

(1) Nordberg, *Histoire de Charles XII*, t. II, p. 598 et 602.

crète, Sa Majesté y faisait attention sans faire
semblant de rien, et savait à merveille en tirer
profit quand l'occasion s'en présentait.

C'était quelque chose de bien rare que de voir
ce prince en colère, et quand cela arrivait, ce
n'était jamais sans un sujet bien juste. Encore
n'a-t-on pas remarqué qu'en ces occasions il lui
soit échappé un serment. Il avait alors seulement
continué de dire *Hvadgör!* à deux ou trois reprises
et cela fort vite. Lorsqu'on l'entendait prononcer
ce mot et qu'on le voyait hausser les lèvres avec
quelque rougeur au visage, on pouvait le prendre
pour une marque certaine qu'il n'était pas content.

Dans les actions et les rencontres, Sa Majesté
conserva toujours le sangfroid comme si de rien
n'avait été, quoiqu'Elle se trouvât partout où il y
avait le plus à faire, car les adjudants ou autres
personnes de sa suite ordinaire qu'Elle envoyait
quelque part porter ses ordres, ne la trouvant pas
d'abord à leur retour, n'avaient qu'à regarder où
le feu était le plus vif pour être sûrs de la rencontrer.

Son amusement ordinaire était de se promener
à cheval, quelque temps qu'il fît.

Il aimait aussi beaucoup à raisonner avec ceux
qui étaient versés dans l'art de la guerre ou dans
les autres arts et sciences, approfondissant chaque
sujet avec une pénétration merveilleuse.

Le jeu des échecs servit parfois de passe-temps
au roi en Turquie, mais en jouant il avait une

méthode toute particulière : c'est qu'il se proposait une pièce avec laquelle il attaquait et la faisait agir seule, la poussant aussi loin qu'elle pouvait aller sans s'embarrasser du reste et, dès que celle-ci était prise, une autre avait son tour de la même manière. Il fallait une bonne contenance avant que d'être fait à ce jeu pour ne pas s'en laisser surprendre.

Ce que M. de la Mottraye prétend (1), que Sa Majesté ait envoyé demander du linge à ses officiers, paraît être hasardé trop légèrement et mérite, à la vérité, une remarque. Le roi, occupé à tout moment de soins infiniment plus importants, ne semblait pas faire attention à ces sortes de choses dont l'arrangement dépendait entièrement du page de la chambre ou du valet de chambre, selon que l'un ou l'autre se trouvait avec Sa Majesté.

Ainsi, s'il manquait quelque chose à l'ajustement de Sa Majesté, c'était la faute à ceux qui ne l'en faisaient pas ressouvenir.

Le même auteur raconte encore (2) que le roi n'avait point eu de lit pendant son séjour à Lund, en Scanie.

Durant le cours de toute la guerre, il n'en a jamais manqué au quartier du roi, quoiqu'il était bien simple, à la vérité, et son pavillon n'étant composé que d'un simple matelas avec un traver-

---

(1) Voir ses *Voyages* t. II, p. 300.
(2) Page 321.

sin, un coussin, une paire de draps et une couverture de soie.

Ce ne fut que dans les campagnes de Norvège
que le lit du roi paraissait un peu singulier, étant
fait de branches de pin coupées en menus mor-
ceaux (puisque la paille était assez rare et que ce
prince jugea qu'elle pouvait mieux servir de four-
rage aux chevaux) et dressé en forme de bûcher
de la hauteur d'une aune, et de la largeur à contenir trois ou quatre personnes, sur lequel Sa
Majesté ordonna que ceux qui étaient présents de
la suite, sans distinction, pouvaient se coucher
avec Elle.

On y plaçait le manteau du roi et un chapeau
qui lui servait alors en guise de bonnet de nuit
et dont les coins, par cette même raison, avaient
pris mille plis différents.

Lorsque Sa Majesté voulait se coucher, Elle
se défaisait de son chapeau ordinaire, enfonçait
l'autre sur la tête, attachait le manteau au col
avec un crochet, s'en enveloppait et allait se
mettre sans autre formalité sur la dure, où Elle
dormait d'un très bon et profond sommeil pendant
le peu d'heures qu'Elle donnait au repos.

Le passage suivant, qui se rapporte à 1704, contient
aussi quelques détails curieux sur le caractère de
Charles XII.

Le même jour que le prince Sobieski partit, il
suivit le roi qui alla se promener avec une suite
d'officiers.

Après le départ du prince, comme il faisait beau temps, Sa Majesté proposa à ceux de sa suite qui pouvaient monter à une trentaine de personnes, de s'exercer en chargeant.

Pour cet effet, on se partagea en deux troupes, dont le roi commanda l'une en personne et donna l'autre à commander au chambellan Axel Härdh, son premier écuyer, nouvellement revenu de France, où il avait été envoyé pour se perfectionner dans les exercices et le manège.

Pendant que l'une des troupes tirait, l'autre devait tâcher de percer, l'épée à la main, et c'était à qui tournerait le plus vite en caracolant... pour recommencer l'attaque.

La troupe de Sa Majesté avait tiré la première, et l'autre fit si bien qu'après avoir percé les rangs, elle fit son tour dans le moment pour prendre les prétendus ennemis en dos. M. Härdh se trouvait justement derrière le roi, le pressant l'épée à la main.

— Sire, dit-il, si j'étais ennemi, que feriez-vous ?

Le roi, occupé à recharger, se tourne bien vite et lâche le coup en disant :

— Je ferais cela.

Dans cette surprise, Sa Majesté ne prit pas garde qu'en rechargeant son pistolet, Elle n'avait pas eu le temps d'ôter la baguette du canon qui, se rompant en trois, passa dans le corps de M. Härdh et causa sa mort deux ou trois jours après, malgré tous les soins et les remèdes, le roi

n'épargnant rien de ce qui pourrait contribuer à
sa guérison.

Sa Majesté fut vivement touchée de cet accident
et en parut extrêmement triste aux yeux de tout
le monde.

Elle fut voir plusieurs fois le malade, lui mar-
quant, avec des regrets infinis, combien Elle
était sensible à ce malheur.

Son premier aumônier, M. Malmberg, ne pouvait pas assez exprimer la ferveur avec laquelle
Sa Majesté témoigna son repentir, demandant
pardon à Dieu de cette faute involontaire.

Et ceux qui étaient auprès du roi observèrent
qu'il marqua ce jour-là par un jeûne volontaire
pendant quelques années de suite, en ne goûtant
rien, quoiqu'Elle se mît à table comme à l'ordinaire.

APPENDICE N° 2

Les troupes sous le général Mörner, qui devaient s'assembler à Wennersbourg, consistaient en 7.000 hommes; celles que le roi voulait commander en personne n'en faisaient que 3.000.

En partant d Ystad, en fin février, on suivait trois routes différentes.

Sa Majesté avait avec Elle le général Poniatowski, l'adjudant général Rosen et Mannerstjerna, page de la chambre.

Le colonel Rosenstierna avec MM. Zander, Akerhielm et Cederström, devaient prendre une autre route, et le colonel Loïven, avec M. Posse et moi une troisième.

Personne n'avait la permission de se faire suivre, pas seulement d'un valet pour son service. Nous autres avions des ordres cachetés qu'il ne fallait ouvrir qu'à un certain endroit et qui poraient que nous devions nous rendre à Carlsbad·

Le roi trouva, en arrivant, les régiments qu'il y avait fait venir et qu'on croyait devoir passer la revue, comme il le leur avait signifié. Mais, quand on s'en doutait le moins, les ordres furent expédiés de nouveau vers la Norvège, ce qui nous surprit d'autant plus que personne ne s'était préparé à une campagne d'hiver pour laquelle on n'était aucunement en équipage. Aussi le roi et tout son monde souffrirent extrêmement du froid et de la disette tout le temps que dura cette expédition.

A l'affaire de Lücke-Höland, le roi, au premier choc, n'avait avec lui que le prince de Hesse, son beau-frère, le général Poniatowski et quelques autres officiers, avec lesquels il soutint l'attaque du colonel Kruse, qui commandait 200 Danois, jusqu'à ce que M. Ridingswerd vînt au secours avec 200 dragons de Fersen qui précipitèrent la défaite de l'ennemi. Le prince de Hesse et M. Poniatowski furent blessés. Sa Majesté, se trouvant aux mains avec un dragon danois, reçut de lui un coup de sabre sur l'épaule qui passa par l'épaisseur de sept draps, savoir : la veste, le justaucorps, doublé de drap, et le manteau doublé de même et replié, laissant encore dans la peau une petite égratignure.

Comme nous avions eu des prisonniers le soir précédent, quelques-uns de nos gens avaient pris leurs habits sur les leurs pour se garantir du froid. Sa Majesté voyant un justaucorps blanc à un homme qui semblait se retirer, crut avoir af-

faire à un Danois et lui enfonça l'épée dans le dos.
C'était un de nos dragons qui avait voulu faire
place au roi et qui, surpris, se tourna en jurant
et criant : « Ich bin ja von Eüren ugenen Leü-
ten (1). » Le roi retira l'épée qui, n'étant pas
entrée fort avant, ne causa pas grand mal, et ce
dragon blessé de sa main fut soigné et largement
récompensé par ses ordres.

Le colonel Kruse, qui fut blessé et pris à cette
occasion, était un brave officier à qui le roi fit rendre tous les soins que pouvait demander son état.
Sa Majesté l'alla voir parmi les autres officiers
suédois, sans se faire connaître. Il répondit avec
beaucoup de décence, sans bassesse ni rodomon-
tades, aux demandes du roi. Mais lorsqu'elles de-
venaient trop fréquentes, il se dispensait d'y
répondre en se plaignant d'abord de ses blessures dont il fut estropié du bras.

A Backasen, le roi s'arrêtait une nuit, auprès
d'une cabane toute remplie de femmes, les hommes s'étant retirés dans les bois.

Sa Majesté y entra et s'entretint beaucoup avec
elles demandant, entre autres, ce qu'il leur semblait des Suédois.

Une d'elles répondit :

— Nous ne les connaissons pas bien ; mais, à
ce qu'il paraît, ce sont de fort bonnes gens, tout
comme les nôtres : c'est une même nation.

____

(1) « Eh ! je suis des vôtres, parbleu ! »

Le roi poursuivit :

— N'auriez-vous pas envie de devenir un peuple, avec les Suédois?

— Pourquoi non? répartit-elle : nous serions mieux avec eux qu'avec les Danois. Mais nos hommes (c'est ainsi qu'elles appellent leur mari) nous ont dit que nous avons fait serment au roi de Danemark et, par là, nous devons lui être fidèles. S'il voulait nous en dégager, nous voudrions de bon cœur devenir sujets suédois.

Cette réponse plut si fort au roi qu'il leur fit donner une douzaine de ducats, quand il partit.

En marchant, nous arrivâmes à la grande rivière de Glomm, qui était gelée, pleine de neige et sans pistes. Il y avait, de l'autre côté de la rivière, une cabane isolée, sur une hauteur. Comme nous n'avions point de guide, Sa Majesté m'ordonna d'y aller pour tâcher d'en avoir. Je n'y trouvai que des femmes qui, par des cris aigus, marquèrent leur crainte. En leur demandant où étaient les hommes, elles répondirent qu'ils étaient tous aux bois, selon les ordres qu'ils en avaient. Une vieille femme consentit à me suivre pourvu qu'on ne lui fît point de mal, et commença à se mettre en chemin, ayant pris du feu à sa pipe.

En l'amenant au roi, Sa Majesté lui demanda si elle savait le chemin à un village où le roi voulait aller. Elle répondit que oui, et le roi la prit par la main en marchant à côté dans les neiges qui étaient d'une hauteur à passer les bottes, et laissant le sentier qui s'y trouvait, par hasard, à la vieille. Il fallait même la servir et l'aider à allumer sa pipe quand elle s'éteignait. Le roi marcha de cette façon trois quarts de lieue, la questionna sur plusieurs choses du pays, à quoi elle répondit de fort bon sens, et la récompensa d'une douzaine de ducats en ordonnant une escorte pour la reconduire.

La vieille, regardant les ducats, demanda au roi :

— Qui êtes-vous ?

Le roi lui répliquant qu'il était « un homme comme les autres que vous voyez ici », elle dit :

— Nos officiers ne sont pas si libéraux. Mais n'importe : soyez ce que vous voulez, je souhaite que le bon Dieu vous bénisse et vous conserve dans toutes vos entreprises.

APPENDICE N° 3

CHARLES XII ET LES QUESTIONS RELIGIEUSES (1704).

Pendant le séjour de Heilsberg, M. Hummerh-jelm y amena un jésuite, nommé Bérens, qui lui avait rendu bien des services durant sa détention en Lithuanie. Le roi le fit récompenser et, comme il avait les manières insinuantes et polies, Sa Majesté le souffrit et le voyait avec plaisir.

A son départ, il supplia le roi de permettre à deux de ses confrères de s'établir en Laponie, sans autre dessein que d'y rester et uniquement dans la vue que son ordre pût se vanter d'avoir des missionnaires dans toutes les parties du monde.

Sa Majesté lui répondit qu'Elle y consentirait peut-être en cas que le père Bérens devînt pape.

Et comme le jésuite, sentant toute la force de ce refus, demandait s'il n'aurait point d'autre congé.

Sa Majesté, lui tendant la main, dit en souriant :

— Non, pas pour cette fois. *Abite nunc et
nunciate Petro.*

Vers le même temps, deux nobles protestants
hongrois arrivèrent au quartier du roi pour solliciter la garantie de Sa Majesté en faveur de
l'exercice libre de leur religion en cas que les
mécontents d'Hongrie entrassent en composition
avec l'empereur. Quelque intérêt que prît d'ailleurs
le roi à la religion, il ne voulait point donner de
l'ombrage à ce prince et n'accorda pas seulement
audience aux suppliants qui, pour toute réponse,
emportèrent la promesse que si la garantie de Sa
Majesté était recherchée des deux parties, alors
Elle ne la refuserait pas.

Au nombre de ces recrues, qui arrivèrent au
mois de mai, il y avait un corps de deux cents
chevaux bien vêtus et montés, qu'on nommait
Euspännare ou Rumorvakt et qui n'étaient proprement qu'une espèce d'archers pour la garde
des malfaiteurs et des prisonniers. M. Holmström, conseiller de guerre, avait eu ordre de les
lever en Poméranie, et quantité de jeunes gen-
tilshommes des régiments de Poméranie et de
Brême s'étaient engagés dans ce corps qu'on
avait débité devoir être comme des Drabans en
second.

Lorsqu'ils se virent frustrés dans leur attente et
destinés à un emploi beaucoup moins honorable
et qu'ils en témoignaient du mécontentement, Sa

Majesté, pour les contenter, leur assigna des places dans les autres régiments.

En attendant, le roi les voyant pour la première fois, en fut fort satisfait et dit, en raillant, à M. Holmström, qu'il devait se mettre à la tête de son corps dans les actions.

Comme celui-ci s'excusa sur ce qu'il était de robe et ne s'entendait point à l'épée, le roi lui dit :

— Il faut bien que vous le fassiez, parce que vous les avez levés et qu'ils sont sous vos ordres.

M. Holmström resta toujours sur les excuses, mais plus il s'excusait, plus le roi insistait jusqu'à ce qu'à la fin, M. Holmström répondit respectueusement que si Sa Majesté l'ordonnait absolument, il obéirait, ajoutant qu'il pourrait bien trembler dans les étriers pendant une demi-heure de temps, tout comme bien d'autres, quoique officiers militaires de profession, réponse qui divertit beaucoup le roi.

Ce M. Holmström était homme de savoir et grand railleur, d'ailleurs très brave. Il se tenait ordinairement auprès des Drabans quand il y avait quelque chose à faire, et commandait, en effet, le corps dont on vient de parler et qui suivait toujours le quartier du roi, entrant rarement dans les actions, mais lorsque cela arrivait, il ne laissait pas de se distinguer beaucoup.

Pour faire voir combien le roi était sensible à tout ce qui touchait la religion, on ne saurait se dispenser d'alléguer le cas suivant qui se passa pendant cette marche (1).

Le roi passant un jour auprès d'un endroit où campait le régiment de Smalande Cavalerie, entendit un homme faire des jurements horribles et, ayant su que c'était un caporal qui avait trop bu, Sa Majesté continua son chemin sans rien dire ; mais quelqu'un de sa suite en avertit d'abord le capitaine qui fit mettre les fers aux mains de cet homme.

Celui-ci, s'étant enfin laissé lier après quelque résistance, s'avisa de crier et de prononcer en même temps des paroles d'un cantique suédois, dont le sens était qu'il se trouvait dans les liens de l'esprit malin et qu'il ne pouvait pas s'en délivrer lui-même, ce qu'il entendait appliquer à sa situation présente.

Le fait ayant été rapporté au roi, Sa Majesté le ressentit tellement qu'elle le regarda comme blasphème par lequel ce caporal aurait mérité la mort.

Et quoique le Consistoire Aulique, qui eut ordre de s'expliquer là-dessus, crut devoir représenter que ce crime, étant commis dans l'ivresse, ne pouvait être qualifié que d'un abus blâmable d'un cantique de l'Église, Sa Majesté ne trouva pas leurs raisons assez fortes pour changer le sentiment ; car, disait-Elle, quoiqu'on ne pouvait proprement l'appeler un blasphème, c'en était pour-

______

(1) Autre passage relatif aux événements de 1705.

tant un en certain degré, d'autant que le cantique se fondait sur la parole de Dieu, dont osait se jouer quiconque se jouait du cantique, et que, du reste, l'ivresse ne devait pas excuser le coupable, parce qu'il s'était mis lui-même dans cet état.

En effet, Sa Majesté ordonna que cet homme, après avoir fait pénitence publique, passerait par les baguettes et servirait depuis comme simple cavalier. Ce fut là toute la modification que les représentations du comte Piper et des autres purent obtenir dans le châtiment.

APPENDICE N° 4

LA MYSOGYNIE DE CHARLES XII (1705)

Au printemps, le roi ayant su que la reine de
Pologne était de retour de Prusse, auprès de son
époux, à Ridzin, il lui fit, d'abord, la première
visite, dans laquelle la conversation, qui dura
bien une heure, se fit en allemand, que la reine
parlait un peu.

Quelques jours après, le roi Stanislas avec la
reine et Mme Royale, sa mère, la rendirent à Sa
Majesté qui leur céda ses appartements meublés
exprès pour cela, se logeant elle-même dans un
autre quartier.

Les noces du général Horn avec Mme Törn-
flych, veuve du vice-président Bromén, se firent
à cette occasion et Sa Majesté y dansa avec la
reine et la nouvelle mariée, ce qui arrivait bien
rarement.

Aussi n'y fit-il pas grande cérémonie.

Tout botté et éperonné, il se contenta de faire un ou deux tours à la polonaise.

Au reste, comme le roi avait permis à quelques dames suédoises de venir voir leurs époux à Rovitz, leur présence, aussi bien que celle de plusieurs étrangers, donna lieu à nombre de fêtes et de divertissements inconnus depuis longtemps à sa cour.

Le roi ne manquait jamais de politesse ni d'égards pour les dames, mais il ne se trouvait en compagnie avec elles que le !moins qu'il pouvait.

Ainsi, quand il les quittait, c'était toujours en marchant à reculons sans leur tourner le dos, et lorsqu'elles venaient au quartier de Sa Majesté entendre le sermon, il leur abandonna toujours son appartement et se mit dans la salle.

Les réjouissances, à Ravitz, ne laissèrent pas d'être troublées par un accident dont il s'en fallut bien peu que la suite n'eût été funeste.

Le feu ayant pris à une maison dans la même rue où était le quartier du roi, il s'y rendit d'abord, et on l'y vit monter et descendre les degrés, malgré la chaleur et la fumée. Non content de commander à ses gardes qui le suivaient, Sa Majesté mit elle-même la main à l'œuvre et travailla avec tant d'empressement qu'Elle ne s'aperçut pas du danger inévitable qu'Elle courait, l'escalier, par lequel Elle pouvait encore se sauver étant sur le point de prendre feu. Le prince de Wurtemberg s'élança alors au milieu de la fumée et fit tant, par ses instances, que le roi prit enfin le parti de quitter cet endroit, qui enfonça un moment après.

A peine Sa Majesté fut-elle sortie de ce danger qu'une échelle renversée pensa en causer un autre, non moins grand, car elle tomba sur le roi et le jeta par terre ; mais ce prince, se relevant d'abord dit sans la moindre émotion, à ceux qui accouraient pour le secourir, que ce n'était rien.

Cet incendie qui, malgré le soin de Sa Majesté, fit un dégât assez considérable, fut suivi bientôt après encore d'un autre, dont on pouvait aussi peu deviner la cause que celle du précédent.

On racontait, depuis, que des personnes s'étaient décelées d'elles-mêmes d'avoir été apostées et de s'être tenues dans la maison, vis-à-vis de celle où le roi travaillait, pour lui tirer une balle, mais qu'un mouvement de conscience les avait toujours arrêtées.

Sa Majesté ayant entendu elle-même, quelques années après, le récit de cet attentat que lui fit un de ces malheureux, Elle en sourit et dit à ceux qui se trouvaient présents que c'était un fou qu'il fallait laisser faire :

Vers ce temps-là, la princesse de Teseen, épouse d'un prince Lubomirski, voulant aller en Saxe, fut arrêtée en chemin par un officier suédois qui s'empara de ses effets consistant en bijoux, argent et très riches meubles.

Quand il en eut fait son rapport au roi, Sa Majesté lui écrivit, de sa main, qu'il avait à rendre à sa prisonnière tout ce qui lui appartenait et même à l'escorter jusqu'aux frontières de la Saxe, si elle le souhaitait pour sa sûreté, parce que Sa Majesté ne faisait pas la guerre aux dames.

APPENDICE N° 5

Deux jours après la kalabalik, savoir le 3
de février 1713, pendant que le roi séjournait
encore à Bender, il se mit sur un matelas, sous
prétexte d'une indisposition, mais en effet pour
éviter les embarras du cérémonial à la cour otto-
mane, dont il allait s'approcher de plus près. Sa
Majesté ne se leva que le 24 décembre de la même
année, sans avoir mis le pied à terre pendant
près de onze mois.

Excepté en cas de maladie sérieuse, Elle couchait sur un matelas et une couverture, sans
justaucorps et bottes, mais d'ailleurs dans ses
habits ordinaires qu'Elle changeait tous les jours,
mais sans les quitter la nuit.

Le roi ne pouvait souffrir le mouvement des
voitures dont il se trouvait toujours mal, à moins
qu'il ne fût d'une extrême vitesse. Il ne fallait,
dans ce cas, avoir égard au chemin, quelque iné-

gal et raboteux qu'il fût, car plus de chocs il y
avait à essuyer dans le carrosse, et mieux Sa
Majesté s'en portait. Comme les Turcs vont toujours d'un train fort grave, Elle fut obligée de se
coucher de son long dans le chariot qu'ils avaient
préparé, et les officiers la portaient entre les
mains, sur un matelas ; toutes les fois qu'il fallait
y monter ou en descendre, à chaque diner ou coucher, Sa Majesté se couvrait le visage d'un petit
coussin pour n'être pas vue des Turcs.

Ce fut un cortège bien lugubre que celui qui
suivait le roi, de Bender : lui et tout son monde
étant sans armes et absolument dépourvus de
tout. M. Poniatowski, avec l'assistance du trésorier anglais Cook, procura enfin de la petite vais-
selle au roi et des habits fort simples, avec un
peu de linge aux autres, dont toutes les richesses
consistaient en un cheval mal équipé et quelques
petites provisions dans des flacons de cuir qui pen-
daient des bâtons mis dans les fourreaux, au lieu
de pistolets. M. Ehrensthiold, caporal et trésorier
des dragons, trouva à la fin de l'argent, sur son
crédit. Il fit venir des armes nécessaires pour
la suite du roi, mais ce ne fut que quatre mois
après.

Nonobstant tout cela, le prince paraissait toujours lui-même d'une gaîté comme il l'aurait fait
dans le fort de son bonheur. On ne le voyait jamais
triste ou taciturne, mais raillant et badinant à tout
propos avec les officiers qui avaient la permission d'entrer chez lui à tous les moments, hors

ceux qu'il donnait aux conférences avec ses ministres. Dans ces conversations, le roi parlait ordinairement des actions et rencontres où il savait que l'un ou l'autre avait été présent, en l'examinant sur toutes les circonstances avec un détail tel qu'il fallait se donner de garde de ne pas passer, dans les réponses, les bornes de la plus exacte vérité. Celui qui aimait à broder n'y avait pas beau jeu ; car lorsque Sa Majesté s'en aperçut, étant toujours bien informée du gros de l'affaire, Elle le tourna de tant de côtés qu'il avait de la peine à ne pas s'entrecouper. Si le roi connaissait quelqu'un, habile en ouvrages à la main, il en faisait le sujet de son entretien avec lui, entrant dans un grand détail de tout ; et ainsi du reste. Sa Majesté prenait aussi souvent plaisir à entendre conter aux officiers leurs aventures particulières et même, parfois, de petites historiettes. Elle aimait à voir tout le monde en bonne humeur, voulant que les officiers, en temps de leur loisir, se divertissent et même bavardassent ensemble ; mais Elle ne souffrait nullement surtout en sa présence, qu'on dit du mal l'un de l'autre ; et quand il s'agissait du service, tout devait se faire d'un grand sérieux, avec exactitude et sans familiarité avec les subalternes.

Un jour, entre autres, qu'on parlait de la kalabalik, le roi demanda aux officiers qui avaient quitté leurs postes, dans la maison, pourquoi ils l'avaient fait. Comme ils répondirent qu'ils en étaient sortis par ordre pour avoir des nouvelles de sa personne sur le bruit de sa mort ou de son emprisonnement :

— Oh! leur dit-il, cela n'était pas nécessaire, car supposé que j'eusse été tué, vous auriez dû tenir ferme pour venger ma mort; et si j'avais été pris, personne de vous n'aurait pu me délivrer.

Lorsqu'ils répartirent que le général Sparre, qui commandait alors, leur avait donné des ordres pour cela, Sa Majesté ajouta :

— C'est un vieil officier qui l'a fait en bonne intention, mais il aurait fallu rester.

Avec tout cela, Elle conservait cette égalité d'humeur admirable, ne faisant paraître la moindre marque de chagrin contre qui que ce fût.

APPENDICE N° 6

Lorsque Sa Majesté alla voir, après vêpres, le travail des lignes, il n'y avait que MM. Megret, Kulbars, Sicker, Börje et Canut Posse qui la suivirent. En descendant dans la tranchée, qui n'était pas encore achevée, Megret était seul avec Elle, les autres se tenaient éloignés de plus de cent pas. Comme la profondeur des approches ne permettait pas la vue sur la campagne, le roi, en s'élevant, passait les pieds dans la terre qui fait les côtés de la fosse. Cette terre, nouvellement remuée, n'étant pas assez ferme pour soutenir le roi, Megret mit dans cette intention ses mains sous les pieds de Sa Majesté et la tenait ainsi en haut. Le roi avait les coudes posés sur la terre élevée, appuyant la tête sur les deux bras pliés, dans la posture d'un homme qui dort debout. L'ennemi n'avait pas tiré de quelques heures, et il faisait déjà trop obscur pour distinguer clairement les objets. Quand on s'y attendait le moins, on entend un seul coup, sans savoir précisément d'où il vient. En même temps, Megret s'aperçoit que le roi s'appesantit sur ses mains. Il imagina d'abord que Sa Majesté dormait, comme cela arrivait assez souvent lorsqu'Elle était dans quelque inaction. Faisant donc un mouvement pour le réveiller, il voit, à la lueur du feu allumé à la tête de la tranchée, quelque humidité couler le long du visage du roi. Alors, sentant aussi son corps se pencher de plus en plus et les bras se débander, il se doute du malheur et appelle les autres. Ils trouvèrent le gant ensanglanté, et la consternation ne les empêcha pas de remarquer que ç'avait été un coup de fauconneau dont la balle était entrée du côté gauche, vers la région de la tempe. Pour dérober ce funeste accident à la connaissance des soldats, on mit la perruque de M. Sicker sur la tête de Sa Majesté, et enveloppant le corps dans un manteau, ils le portèrent à Tystedahl, quartier du roi, sous prétexte que c'était un officier mort dans la tranchée.

TABLE DES MATIÈRES

Paris. — Imp. Paul Dupont, 144, rue Montmartre (Cl.), 313.2.1906.